Page 78 : 1. Αὐτὰρ ἐπειδὴ τεῦξε..............

Virgile dépeint ainsi les armes immortelles que Vénus vient d'apporter à Énée :

> Ille, Deæ donis et tanto lætus honore,
> Expleri nequit, atque oculos per singula volvit,
> Miraturque, interque manus et brachia versat
> Terribilem cristis galeam flammasque vomentem,
> Fatiferumque ensem, loricam ex ære rigentem,
> Sanguineam, ingentem; qualis, quum cærula nubes
> Solis inardescit radiis longèque refulget,
> Tum læves ocreas electro auroque recocto,
> Hastamque, et clypei non enarrabile textum.
>
> (VIRG., *Énéide*, VIII, 617.)

ARGUMENT ANALYTIQUE

DU DIX-NEUVIÈME CHANT DE L'ILIADE.

———

Au lever de l'aurore, Thétis apporte à son fils Achille les armes qu'a fabriquées Vulcain, et l'engage à se réconcilier avec Agamemnon. — Elle inonde le corps de Patrocle de nectar et d'ambroisie. — Achille réunit les Grecs; il leur déclare qu'il met fin à sa colère, et veut à l'instant voler sur le champ de bataille. — Agamemnon de son côté reconnaît ses torts; il offre à Achille les dons précieux qu'Ulysse a promis. — Achille, tout entier à sa vengeance, ne veut point différer le combat. — Il cède enfin aux conseils d'Ulysse qui l'avertit d'attendre que les guerriers aient pris leur repas. — En présence de l'assemblée, Achille reçoit les présents et Briséis. — Agamemnon jure que jamais il n'a porté la main sur la jeune captive. — Tous les dons sont transportés dans la tente d'Achille. — Là, les captives pleurent la mort de Patrocle. — Achille s'abandonne lui-même à la douleur; il refuse toute nourriture, et attend avec impatience le signal du combat. — Les Thessaliens se forment en phalanges. — Achille revêt l'armure de Vulcain, et monte sur son char avec Automédon. — Sourd à la voix de Xanthus, l'un de ses coursiers, qui lui présage une mort prochaine, il s'élance furieux au milieu des ennemis.

———

ΟΜΗΡΟΥ

ΙΛΙΑΔΟΣ

ΡΑΨΩΔΙΑ Τ.

———

ΑΠΟΡΡΗΣΙΣ ΜΗΝΙΔΟΣ.

Ἠὼς μὲν κροκόπεπλος [1] ἀπ' Ὠκεανοῖο ῥοάων
ὤρνυθ', ἵν' ἀθανάτοισι φόως φέροι ἠδὲ βροτοῖσιν·
ἡ δ' ἐς νῆας ἵκανε, θεοῦ πάρα δῶρα φέρουσα [2].
Εὗρε δὲ Πατρόκλῳ περικείμενον ὃν φίλον υἱὸν,
κλαίοντα λιγέως· πολέες δ' ἀμφ' αὐτὸν ἑταῖροι   5
μύρονθ'. Ἡ δ' ἐν τοῖσι παρίστατο δῖα θεάων,
ἔν τ' ἄρα οἱ φῦ χειρὶ, ἔπος τ' ἔφατ' ἔκ τ' ὀνόμαζε·

« Τέκνον ἐμὸν, τοῦτον μὲν ἐάσομεν, ἀχνύμενοί περ,
κεῖσθαι, ἐπειδὴ πρῶτα θεῶν ἰότητι δαμάσθη·
τύνη δ' Ἡφαίστοιο πάρα κλυτὰ τεύχεα δέξο,   10
καλὰ μάλ', οἷ' οὔπω τις ἀνὴρ ὤμοισι φόρησεν. »

Ὣς ἄρα φωνήσασ', θεὰ κατὰ τεύχε' ἔθηκε

———

L'Aurore, au voile de safran, sortait des flots de l'Océan, pour ramener la lumière aux dieux et aux mortels, lorsque Thétis arriva près des navires, portant les dons de Vulcain. Elle trouve son fils chéri tenant Patrocle embrassé et poussant des cris de douleur; autour de lui, ses nombreux compagnons gémissent avec amertume. L'auguste déesse s'arrête au milieu d'eux, saisit la main d'Achille et s'adresse à lui en ces termes :

« Mon fils, malgré notre douleur, laissons Patrocle sur cette couche funèbre, puisqu'il a péri par la volonté des dieux; toi cependant, reçois de Vulcain ces magnifiques et illustres armes, telles que jamais un mortel n'en porta sur ses épaules. »

A ces mots, la déesse dépose devant Achille ces armes superbes,

L'ILIADE

D'HOMÈRE.

CHANT XIX.

—◆—

RENONCIATION A LA COLÈRE.

'Ηὼς μὲν
κροκόκεπλος,
ὤρνυτο ἀπὸ ῥοάων Ὠκεανοῖο,
ἵνα φέροι φόως
ἀθανάτοισιν ἠδὲ βροτοῖσιν·
ἡ δὲ
ἵκανεν ἐς νῆας,
φέρουσα δῶρα παρὰ θεοῦ.
Εὖρε δὲ ὃν υἱὸν φίλον
περικείμενον Πατρόκλῳ,
κλαίοντα λιγέως·
ἑταῖροι δὲ πολέες
εὕρυντο ἀμφὶ αὐτόν.
Ἡ δὲ δῖα θεάων
παρίστατο ἐν τοῖσιν,
ἐνίφυ τε ἄρα χειρί οἱ,
ἐφατό τε ἐξονόμαζέ τε ἔπος·

« Ἐμὸν τέκνον, ἐάσομεν μὲν,
ἀχνύμενοί περ,
τοῦτον κεῖσθαι,
ἐπειδὴ πρῶτα δαμάσθη
ἰότητι θεῶν·
τύνη δὲ δέξο παρὰ Ἡφαίστοιο
τεύχεα κλυτὰ, μάλα καλὰ,
οἷά τις ἀνὴρ
οὔπω φόρησεν ὤμοισι. »

Φωνήσασα ἄρα ὣς, θεὰ
κατέθηκε τεύχεα

L'Aurore à la vérité
au-voile-couleur-de-safran
s'élançait des courants de l'Océan,
afin qu'elle portât la lumière
aux immortels et aux mortels;
et celle-ci (Thétis)
arriva aux vaisseaux,
portant les dons de la part du dieu.
Or elle trouva son fils chéri
couché-autour de Patrocle,
gémissant bruyamment;
et des amis nombreux
se lamentaient autour de lui.
La plus auguste des déesses
se présenta au-milieu d'eux,
et donc elle s'attacha à la main à lui,
et pensa et dit *celle* parole :

« Mon fils, laissons à la vérité,
quoique étant affligés,
celui-ci être-gisant,
puisque d'abord il a été dompté (tué)
par la volonté des dieux;
mais toi reçois de la part de Vulcain
ces armes illustres, très-belles,
telles qu'un homme
n'en porta jamais sur *ses* épaules. »

Ayant donc parlé ainsi, la déesse
déposa *ces* armes

πρόσθεν Ἀχιλλῆος· τὰ δ' ἀνέβραχε δαίδαλα πάντα.
Μυρμιδόνας δ' ἄρα πάντας ἕλε τρόμος, οὐδέ τις ἔτλη
ἄντην εἰσιδέειν, ἀλλ' ἔτρεσαν. Αὐτὰρ Ἀχιλλεὺς   15
ὡς εἶδ', ὥς μιν μᾶλλον ἔδυ χόλος· ἐν δέ οἱ ὄσσε
δεινὸν ὑπὸ βλεφάρων, ὡσεὶ σέλας, ἐξεφάανθεν·
τέρπετο δ', ἐν χείρεσσιν ἔχων θεοῦ ἀγλαὰ δῶρα.
Αὐτὰρ ἐπεὶ φρεσὶν ᾗσι τετάρπετο, δαίδαλα λεύσσων,
αὐτίκα μητέρα ἣν ἔπεα πτερόεντα προσηύδα·   20

« Μῆτερ ἐμή, τὰ μὲν ὅπλα θεὸς πόρεν, οἷ' ἐπιεικὲς
ἔργ' ἔμεν ἀθανάτων, μηδὲ βροτὸν ἄνδρα τελέσσαι.
Νῦν δ' ἤτοι μὲν ἐγὼ θωρήξομαι· ἀλλὰ μάλ' αἰνῶς
δείδω μή μοι τόφρα Μενοιτίου ἄλκιμον υἱὸν
μυῖαι, καδδῦσαι κατὰ χαλκοτύπους ὠτειλὰς,   25
εὐλὰς ἐγγείνωνται, ἀεικίσσωσι δὲ νεκρὸν

qui rendent un son terrible. La crainte glace les Myrmidons; aucun d'eux n'ose en soutenir l'éclat, mais tous reculent épouvantés. Achille, en contemplant cette armure, sent une colère plus vive pénétrer dans son cœur; sous ses sourcils, ses yeux, semblables à la flamme, brillent d'un éclat terrible. C'est avec bonheur qu'il tient dans ses mains les dons illustres du dieu. Après en avoir longtemps contemplé le merveilleux travail, il adresse à sa mère ces paroles qui volent rapides :

« Ma mère, c'est un dieu qui t'a donné ces armes, vraiment dignes de sortir de la main des immortels, et telles qu'un mortel ne saurait les faire. Oui, je vais dès aujourd'hui m'en revêtir; mais je crains vivement que le courageux fils de Ménétius ne soit assailli par les mouches, qu'elles ne pénètrent dans les blessures ouvertes par l'airain, qu'elles n'y engendrent des vers rongeurs, qu'elles ne souillent

πρόσθεν Ἀχιλλῆος·	devant Achille ;
τὰ δὲ ἀνέβραχε	et celles-ci retentirent
πάντα δαίδαλα.	toutes artistement-travaillées.
Τρόμος δὲ ἄρα	Or donc la crainte
Ὅλε πάντας Μυρμιδόνας,	saisit tous les Myrmidons,
οὐδέ τις ἔτλη	et pas-même quelqu'un n'osa
εἰσιδέειν ἄντην,	les regarder en face,
ἀλλὰ ἔτρεσαν.	mais ils fuirent-épouvantés.
Αὐτὰρ ὡς Ἀχιλλεὺς εἶδεν,	Mais dès qu'Achille les vit,
ὣς χόλος	aussitôt la colère
Ἔδυ μιν μᾶλλον ·	pénétra lui davantage ;
ἐν δὲ ὄσσε οἱ	et au-dedans les yeux à lui
Κεράχθεν, ὡσεὶ σέλας,	brillèrent, comme la flamme,
δεινὸν ὑπὸ βλεφάρων·	terriblement sous ses paupières ;
τέρπετο δὲ,	et il était charmé,
ἔχων ἐν χείρεσσι	ayant (tenant) dans ses mains
δῶρα ἀγλαὰ θεοῦ.	les dons illustres du dieu.
Αὐτὰρ ἐπεὶ τετάρπετο	Or lorsqu'il eut été assez charmé
ᾗσι φρεσὶ,	dans son cœur,
λεύσσων	contemplant ces armes
δαίδαλα,	artistement-travaillées,
αὐτίκα προσηύδα ἣν μητέρα	aussitôt il adressa-à sa mère
ἔπεα πτερόεντα·	ces paroles ailées :
« Ἐμὴ μῆτερ,	« Ma mère,
θεὸς μὲν	un dieu à la vérité
πόρε τὰ ὅπλα,	a donné ces armes,
οἷα ἐπιεικὲς	telles qu'il est juste
ἔμεν	être (que soient)
ἔργα ἀθανάτων,	les ouvrages des immortels,
ἄνδρα δὲ βροτὸν	et un homme mortel
μὴ τελέσσαι.	ne pas les accomplir.
Νῦν δὲ ἤτοι μὲν	Maintenant donc à la vérité
ἐγὼ θωρήξομαι·	moi je m'armerai ;
ἀλλὰ δείδω μάλα αἰνῶς	mais je crains très fortement
μὴ τόφρα μυῖαι,	que pendant-ce-temps des mouches,
καδδῦσαι κατὰ ὠτειλὰς	ayant pénétré à travers les blessures
χαλκοτύπους	faites-par-l'airain
υἱὸν ἄλκιμον Μενοιτίου,	dans le fils courageux de Ménétius,
μοι ἐγγείνωνται εὐλάς,	ne m'y-engendrent des vers,
ἀεικίσσωσι δὲ νεκρὸν	et qu'elles ne souillent le mort

(ἐκ δ' αἰὼν πέφαται), κατὰ δὲ χρόα πάντα σαπήη. »

Τὸν δ' ἠμείβετ' ἔπειτα θεὰ Θέτις ἀργυρόπεζα·

« Τέκνον, μή τοι ταῦτα μετὰ φρεσὶ σῇσι μελόντων.

Τῷ μὲν ἐγὼ πειρήσω ἀλαλκεῖν ἄγρια φῦλα,   30

μυίας, αἵ ῥά τε φῶτας Ἀρηϊφάτους κατέδουσιν.

Ἤνπερ γὰρ κῆταί γε τελεσφόρον εἰς ἐνιαυτὸν,

αἰεὶ τῷδ' ἔσται χρὼς ἔμπεδος, ἢ καὶ ἀρείων.

Ἀλλὰ σύγ' εἰς ἀγορὴν καλέσας ἥρωας Ἀχαιούς,

μῆνιν ἀποειπὼν Ἀγαμέμνονι, ποιμένι λαῶν,   35

αἶψα μάλ' ἐς πόλεμον θωρήσσεο, δύσεο δ' ἀλκήν. »

Ὣς ἄρα φωνήσασα, μένος πολυθαρσὲς ἐνῆκε·

Πατρόκλῳ δ' αὖτ' ἀμβροσίην καὶ νέκταρ ἐρυθρὸν

στάξε κατὰ ῥινῶν, ἵνα οἱ χρὼς ἔμπεδος εἴη.

Αὐτὰρ ὁ βῆ παρὰ θῖνα θαλάσσης δῖος Ἀχιλλεύς,   40

σμερδαλέα ἰάχων, ὦρσεν δ' ἥρωας Ἀχαιούς.

Καί ῥ' οἵπερ τοπάρος γε νεῶν ἐν ἀγῶνι μένεσκον,

ce corps d'où s'est retirée la vie, et que la corruption n'atteigne ses restes. »

Thétis, la déesse aux pieds d'argent, répondit :

« Mon fils, n'occupe point ton âme d'un tel souci. Je vais mettre mes soins à éloigner de lui ces sauvages essaims de mouches, qui dévorent les mortels tués dans les combats. Et dût son cadavre rester une année entière gisant ici, il sera toujours tel que tu le vois aujourd'hui, ou même plus frais encore. Quant à toi, convoque en assemblée les héros Achéens, renonce à ta colère contre Agamemnon, pasteur des peuples; puis, prends aussitôt tes armes, et sois rempli d'une courageuse ardeur. »

Par ces paroles elle lui inspire le courage et l'audace; et elle verse goutte à goutte dans les narines de Patrocle l'ambroisie et le rouge nectar, afin que son corps se conserve intact.

Cependant le divin Achille s'avançait le long de la mer, en poussant des cris terribles; il appelait les guerriers Achéens. Tous ceux qui jusque là étaient restés au milieu de la flotte, les pilotes qui te-

(μιὼν δὲ ἐκπέφαται),
κατασαπήῃ δὲ
πάντα χρόα. »
  Ἔπειτα δὲ Θέτις
ἡ ἀργυρόπεζα
ἠμείβετο τόν·
  « Τέκνον, ταῦτα
μὴ μελόντων τοι
μετὰ σῇσι φρεσίν.
Ἐγὼ μὲν πειρήσω
ἀλαλκεῖν τῷ φῦλα ἄγρια,
μυίας, αἵ ῥά τε κατέδουσι
φῶτας Ἀρηϊφάτους.
Ἤνπερ γὰρ κῆταί γε
εἰς ἐνιαυτὸν τελεσφόρον,
χρὼς τῷδε
ἔσται αἰεὶ ἔμπεδος,
ἢ καὶ ἀρείων.
Ἀλλὰ σύγε
καλέσας εἰς ἀγορὴν
ἥρωας Ἀχαιοὺς,
ἀποειπὼν μῆνιν
Ἀγαμέμνονι, ποιμένι λαῶν,
θωρήσσεο αἶψα μάλα
ἐς πόλεμον,
δύσεο δὲ ἀλκήν. »
  Φωνήσασα ἄρα ὣς,
ἐνῆκε
μένος πολυθαρσές·
αὐτῇ δὲ στάξε
κατὰ ῥινῶν Πατρόκλῳ
ἀμβροσίην καὶ νέκταρ ἐρυθρὸν,
ἵνα χρὼς οἱ
εἴη ἔμπεδος.
  Αὐτὰρ ὁ δῖος Ἀχιλλεὺς βῆ
παρὰ θῖνα θαλάσσης,
ἰάχων σμερδαλέα,
ὦρσε δὲ ἥρωας Ἀχαιούς.
Καί ῥα οἵπερ τοπάρος γε
μένεσκον

(car la vie lui a été enlevée),
et qu'il (le mort) ne se putréfie
dans tout le corps. »
  Ensuite donc Thétis
la déesse aux-pieds-d'argent
répondit à lui :
  « Mon fils, que ces choses
ne soient-pas-à-soin à toi
dans ton esprit.
Moi à la vérité je m'efforcerai
d'écarter de lui des essaims sauvages,
les mouches, qui certes rongent
les hommes tués-au-combat.
Car si-même il reste-gisant du moins
jusqu'à l'année s'accomplissant (en-
le corps à lui   [tière),
sera toujours intact,
ou même meilleur (plus frais).
Mais toi-du-moins
ayant appelé en assemblée
les héros Achéens,
ayant fait-la-renonciation-de la colère
à Agamemnon, pasteur des peuples,
arme-toi aussitôt certes
pour le combat,
et revêts le courage. »
  Ayant donc parlé ainsi,
elle mit-en lui
une ardeur très-audacieuse;
et encore elle distilla
dans les narines à Patrocle
de l'ambroisie et du nectar rouge,
afin que le corps à lui
fût intact (incorruptible).
  Ensuite le divin Achille s'avança
le long du rivage de la mer,
criant terriblement,
et il excita les héros Achéens.
Et ceux qui auparavant du moins
restaient

οἵ τε κυβερνῆται καὶ ἔχον οἰήϊα νηῶν,
καὶ ταμίαι παρὰ νηυσὶν ἔσαν, σίτοιο δοτῆρες,
καὶ μὴν οἱ τότε γ' εἰς ἀγορὴν ἴσαν, οὕνεκ' Ἀχιλλεὺς 45
ἐξεφάνη, δηρὸν δὲ μάχης ἐπέπαυτ' ἀλεγεινῆς.
Τὼ δὲ δύω σκάζοντε βάτην Ἄρεος θεράποντε,
Τυδείδης τε μενεπτόλεμος καὶ δῖος Ὀδυσσεὺς,
ἔγχει ἐρειδομένω· ἔτι γὰρ ἔχον ἕλκεα λυγρά·
κὰδ δὲ μετὰ πρώτῃ ἀγορῇ ἵζοντο κιόντες. 50
Αὐτὰρ ὁ δεύτατος ἦλθεν ἄναξ ἀνδρῶν Ἀγαμέμνων,
ἕλκος ἔχων· καὶ γὰρ τὸν ἐνὶ κρατερῇ ὑσμίνῃ
οὖτα Κόων Ἀντηνορίδης χαλκήρεϊ δουρί.
Αὐτὰρ ἐπειδὴ πάντες ἀολλίσθησαν Ἀχαιοί,
τοῖσι δ' ἀνιστάμενος μετέφη πόδας ὠκὺς Ἀχιλλεύς· 55
« Ἀτρείδη, ἦ ἄρ τι τόδ' ἀμφοτέροισιν ἄρειον
ἔπλετο, σοὶ καὶ ἐμοί, ὅτε νῶΐ περ, ἀχνυμένω κῆρ,
θυμοβόρῳ ἔριδι μενεήναμεν εἵνεκα κούρης.

naient le gouvernail, et les intendants qui, sur les navires, distri-
buaient les vivres, se rendent à l'assemblée; car Achille venait de
reparaître, lui qui pendant longtemps s'était éloigné des funestes
combats. Alors arrivent en boitant deux héros, disciples de Mars, le
belliqueux fils de Tydée et le divin Ulysse, appuyés sur leurs lances;
car ils souffraient encore de leurs graves blessures; ils prennent place
aux premiers rangs dans l'assemblée. Agamemnon, roi des hommes,
vient le dernier, retardé par sa blessure; car, dans la terrible mêlée,
Coon, fils d'Anténor, l'avait frappé de sa lance d'airain. Lorsque
tous les Achéens furent réunis, Achille, aux pieds rapides, se lève
et dit :

« Fils d'Atrée, il eût certes mieux valu pour toi comme pour moi
nous réconcilier le jour où, plongés dans la tristesse, nous en vînmes
à une violente querelle pour une jeune captive. Plût aux dieux que

ἐν ἀγῶνι νεῶν,	dans la station des vaisseaux,
οἵ τε κυβερνῆται	et ceux qui *étaient* pilotes
καὶ ἔχον	et *qui* tenaient
οἰήϊα νηῶν,	les gouvernails des vaisseaux,
καὶ παρὰ νηυσὶν	et *ceux qui* sur les vaisseaux,
ἔσαν ταμίαι,	étaient intendants,
δοτῆρες σίτοιο,	distributeurs de la nourriture,
καὶ μὴν οἱ τότε γε	même ceux-là alors du moins
ἴσαν εἰς ἀγορὴν,	allèrent à l'assemblée,
οὕνεκα Ἀχιλλεὺς ἐξεφάνη,	parce que Achille reparut,
δηρὸν δὲ ἐπέπαυτο	car depuis longtemps il avait cessé
μάχης ἀλεγεινῆς.	le combat triste (funeste).
Τὼ δὲ δύω θεράποντε Ἄρεος,	Or les deux serviteurs de Mars,
Τυδείδης τε μενεπτόλεμος	et le fils-de-Tydée belliqueux
καὶ Ὀδυσσεὺς δῖος,	et Ulysse divin,
βάτην σκάζοντε,	marchèrent en boitant,
ἐρειδομένω ἔγχει·	s'appuyant sur *leur* lance ;
ἔχον γὰρ ἔτι	car ils avaient encore
ἕλκεα λυγρά·	des blessures douloureuses ;
κιόντες δὲ	et étant allés
καθίζοντο	ils s'assirent [nier rang].
μετὰ πρώτῃ ἀγορῇ.	dans la première assemblée (au pre-
Αὐτὰρ Ἀγαμέμνων ἄναξ ἀνδρῶν	Mais Agamemnon roi des hommes
ἦλθεν ὁ δεύτατος,	vint le dernier,
ἔχων ἕλκος·	ayant une blessure ;
καὶ γὰρ Κόων Ἀντηνορίδης	car Coon fils-d'Anténor
οὔτα τὸν δουρὶ χαλκήρεϊ	frappa lui de *sa* lance d'-airain
ἐν ὑσμίνῃ κρατερῇ.	dans la mêlée terrible.
Αὐτὰρ ἐπειδὴ πάντες Ἀχαιοὶ	Or lorsque tous les Achéens
ἀολλίσθησαν,	furent réunis,
Ἀχιλλεὺς δὲ ὠκὺς πόδας	alors Achille rapide des pieds
ἀνιστάμενος μετέφη τοῖσιν·	se levant dit-au-milieu d'eux
« Ἀτρείδη,	« Fils-d'Atrée,
ἦ ἄρ τόδε	certes ceci (la réconciliation)
ἔπλετό τι	était (eût été) en quelque chose
ἄρειον ἀμφοτέροισι,	meilleur (plus utile) pour tous-deux,
σοὶ καὶ ἐμοὶ,	pour toi et pour moi,
ὅτε νῶϊ πέρ, ἀχνυμένω κῆρ,	lorsque nous, étant affligés de cœur,
μενεήναμεν	nous nous irritâmes
εἵνεκα κούρης	pour une jeune-fille

1

Τὴν ὄφελ' ἐν νήεσσι κατακτάμεν Ἄρτεμις ἰῷ,

ἤματι τῷ ὅτ' ἐγὼν ἑλόμην Λυρνησὸν ὀλέσσας· *60*

τῷ κ' οὐ τόσσοι Ἀχαιοὶ ὀδὰξ ἕλον ἄσπετον οὖδας,

δυσμενέων ὑπὸ χερσὶν, ἐμεῦ ἀπομηνίσαντος.

Ἕκτορι μὲν καὶ Τρωσὶ τὸ κέρδιον· αὐτὰρ Ἀχαιοὺς

δηρὸν ἐμῆς καὶ σῆς ἔριδος μνήσεσθαι ὀΐω.

Ἀλλὰ τὰ μὲν προτετύχθαι ἐάσομεν, ἀχνύμενοί περ, *65*

θυμὸν ἐνὶ στήθεσσι φίλον δαμάσαντες ἀνάγκῃ.

Νῦν δ' ἤτοι μὲν ἐγὼ παύω χόλον, οὐδέ τί με χρὴ

ἀσκελέως αἰεὶ μενεαινέμεν. Ἀλλ' ἄγε θᾶσσον

ὄτρυνον πόλεμόνδε καρηκομόωντας Ἀχαιούς,

ὄφρ' ἔτι καὶ Τρώων πειρήσομαι ἀντίος ἐλθὼν, *70*

αἴ κ' ἐθέλωσ' ἐπὶ νηυσὶν ἰαύειν· ἀλλά τιν' οἴω

ἀσπασίως αὐτῶν γόνυ κάμψειν, ὅς κε φύγῃσι

δηΐου ἐκ πολέμοιο ὑπ' ἔγχεος ἡμετέροιο. »

Ὣς ἔφαθ'· οἱ δ' ἐχάρησαν ἐϋκνήμιδες Ἀχαιοὶ,

sur mes vaisseaux Diane l'eût percée d'une de ses flèches, le jour où je l'enlevai après avoir détruit la ville de Lyrnesse! On n'eût point vu tant d'Achéens mordre la poussière sous les coups de l'ennemi, pendant que je nourrissais ma colère. Mon courroux profitait à Hector et aux Troyens. Ah! je pense que les Grecs garderont longtemps le souvenir de notre querelle. Mais oublions le passé, malgré notre douleur, et par nécessité imposons silence à notre cœur. Aujourd'hui je dépose ma colère; je ne dois plus persévérer dans mon ressentiment. Hâte-toi donc d'exciter au combat les Achéens à la longue chevelure, afin que je m'assure, en marchant contre les Troyens, s'ils veulent rester près de nos vaisseaux. Mais je pense qu'il fléchira le genou avec joie pour prendre du repos, celui qui échappera aux dangers d'une guerre si acharnée, mis en fuite par ma lance. »

Il dit, et les Achéens aux belles cnémides se réjouissent que le

ἔριδι θυμοβόρῳ.	dans une querelle qui-ronge-le-cœur.
Ἄρτεμις ὄφελε	Diane devait (aurait bien dû)
καταχτάμεν τὴν ἰῷ	tuer elle avec une flèche
ἐν νήεσσι, τῷ ἤματι,	sur nos vaisseaux, en ce jour,
ὅτε ἐγὼ ἑλόμην	lorsque (où) moi je l'enlevai
ὀλέσσας Λυρνησόν ·	ayant ravagé Lyrnesse;
τῷ τόσσοι Ἀχαιοὶ	alors tant d'Achéens
οὔ κεν ἕλον ὀδὰξ	n'auraient point pris avec-les-dents
οὖδας ἄσπετον,	le sol immense,
ὑπὸ χερσὶ δυσμενέων,	sous les mains des ennemis,
ἐμεῦ ἀπομηνίσαντος,	moi ayant conservé-ma-colère.
Τὸ μὲν κέρδιον	Cela à la vérité était plus avantageux
Ἕκτορι καὶ Τρωσίν ·	pour Hector et pour les Troyens;
αὐτὰρ ὀΐω Ἀχαιοὺς	mais je pense les Achéens
μνήσεσθαι δηρὸν	devoir se souvenir longtemps
ἐμῆς ἔριδος καὶ σῆς.	de ma querelle et de la tienne.
Ἀλλὰ ἐάσομεν τὰ μὲν	Mais laissons ces choses à la vérité
προτετύχθαι,	avoir été faites-auparavant,
ἀχνύμενοί περ,	quoique étant affligés,
δαμάσαντες ἀνάγκῃ	ayant dompté par la nécessité
φίλον θυμὸν ἐνὶ στήθεσσι.	notre cœur dans nos poitrines.
Νῦν δὲ ἤτοι μὲν ἐγὼ	Maintenant donc à la vérité moi
παύω χόλον,	je fais-cesser mon courroux,
οὐδὲ χρή μέ τι	car il ne faut pas moi en quelque chose
μενεαινέμεν αἰεὶ ἀσκελέως.	être irrité toujours avec-opiniâtreté.
Ἀλλὰ ἄγε θᾶσσον	Mais allons, vite
ὄτρυνον πόλεμόνδε	excite au-combat
Ἀχαιοὺς καρηκομόωντας,	les Achéens chevelus,
ὄφρα πειρήσομαι ἔτι καὶ Τρώων	afin que j'essaye encore les Troyens
ἐλθὼν ἀντίος,	étant allé au-devant d'eux,
αἴ κεν ἐθέλωσιν ἰαύειν	s'ils veulent demeurer
ἐπὶ νηυσίν ·	près de nos vaisseaux;
ἀλλὰ οἴω τινὰ αὐτῶν	mais je pense quelqu'un d'eux
κάμψειν γόνυ ἀσπασίως,	devoir fléchir le genou volontiers,
ὅς κε φύγῃσιν	celui qui se sera échappé
ἐκ πολέμοιο δηΐου	du combat funeste
ὑπὸ ἡμετέροιο ἔγχεος. »	mis en fuite par notre lance. »
Ἔφατο ὥς·	Il dit ainsi;
Ἀχαιοὶ δὲ ἐϋκνήμιδες	et les Achéens aux-belles-cnémides
ἐχάρησαν,	se réjouirent,

μῆνιν ἀπειπόντος μεγαθύμου Πηλείωνος.   15
Τοῖσι δὲ καὶ μετέειπεν ἄναξ ἀνδρῶν Ἀγαμέμνων,
αὐτόθεν ἐξ ἕδρης, οὐδ' ἐν μέσσοισιν ἀναστάς·
« Ὦ φίλοι, ἥρωες Δαναοί, θεράποντες Ἄρηος,
ἱσταότος μὲν καλὸν ἀκούειν, οὐδὲ ἔοικεν
ἐββάλλειν· χαλεπὸν γάρ, ἐπιστάμενόν περ ἐόντα.   19
Ἀνδρῶν δ' ἐν πολλῷ ὁμάδῳ πῶς κέν τις ἀκούσαι,
ἢ εἴποι; βλάβεται δὲ λιγύς περ ἐὼν ἀγορητής.
Πηλείδη μὲν ἐγὼν ἐνδείξομαι¹· αὐτὰρ οἱ ἄλλοι
σύνθεσθ', Ἀργεῖοι, μῦθόν τ' εὖ γνῶτε ἕκαστος.
Πολλάκι δή μοι τοῦτον Ἀχαιοὶ μῦθον ἔειπον,   15
καί τέ με νεικείεσκον· ἐγὼ δ' οὐκ αἴτιός εἰμι,
ἀλλὰ Ζεὺς καὶ Μοῖρα καὶ ἠεροφοῖτις Ἐριννύς,
οἵτε μοι εἰν ἀγορῇ φρεσὶν ἔμβαλον ἄγριον ἄτην,
ἤματι τῷ ὅτ' Ἀχιλλῆος γέρας αὐτὸς ἀπηύρων.
Ἀλλὰ τί κεν ῥέξαιμι; Θεὸς διὰ πάντα τελευτᾷ,   30
πρέσβα Διὸς θυγάτηρ Ἄτη², ἣ πάντας ἀᾶται,
οὐλομένη· τῆς μέν θ' ἁπαλοὶ πόδες· οὐ γὰρ ἐπ' οὔδει

magnanime fils de Pélée renonce à sa colère. Agamemnon, roi
des hommes, leur parle ainsi de sa place, sans s'avancer au milieu
d'eux :

« Amis, héros grecs, serviteurs de Mars, il est convenable d'écouter
celui qui parle, et de ne pas l'interrompre ; car les interruptions du
plus habile même sont fatigantes pour l'orateur. Mais quand le tumulte vient d'une foule nombreuse, comment parler, comment se faire
entendre ? L'orateur alors, eût-il une voix éclatante, s'arrête embarrassé. Je vais me justifier devant le fils de Pélée ; vous tous, Argiens,
écoutez, et pesez bien la valeur de mes paroles. Souvent les Grecs ont
fait retomber sur moi la cause de leurs malheurs ; ils ne m'ont point
épargné les reproches ; cependant je ne suis pas coupable ; les coupables
sont Jupiter et la Destinée, et la ténébreuse Érinnys qui, dans l'assemblée, frappèrent mon âme d'un aveuglement fatal, le jour où je ravis
à Achille sa récompense. Qu'aurais-je pu faire alors ? Une déesse mène
tout à fin, l'auguste fille de Jupiter, la cruelle Até, qui trompe tous
les cœurs. Ses pieds sont légers, ils ne touchent point la terre ; elle

μεγαθύμου Πηλείωνος,
le magnanime fils-de-Pélée

ἀπειπόντος μῆνιν.
ayant renoncé à sa colère.

Ἀγαμέμνων δὲ ἄναξ ἀνδρῶν
Or Agamemnon prince des hommes

μετέειπε καὶ τοῖσιν,
dit aussi à eux,

αὐτόθεν ἐξ ἕδρης,
de-sa-place-même de son siége,

οὐδ' ἀναστὰς ἐ. ,οσσοισιν·
ne s'étant pas levé au milieu d'eux :

« Ὦ φίλοι, ἥρωες Δαναοί,
« O amis, héros grecs,

θεράποντες Ἄρηος,
serviteurs de Mars,

ἐσθλὸν μὲν ἀκούειν
il est beau à la vérité d'écouter

ἐσταότος,
celui se tenant-debout pour parler,

ἀλλὰ ἔοικεν ὑββάλλειν·
et il ne convient pas d'interrompre ;

χαλεπὸν γὰρ,
car il est pénible pour l'orateur,

ἐόντα περ ἐπιστάμενον.
quelqu'un quoique étant habile, in-

Πῶς δέ τις
Or comment quelqu'un [terrompre.

ἀκούσαι κεν, ἢ εἴποι
entendrait-il, ou parlerait-il

ἐν ὁμάδῳ πολλῷ ἀνδρῶν;
dans un tumulte grand d'hommes?

ἀγορητής δὲ ἐών περ λιγὺς
L'orateur alors quoique étant sonore

βλάβεται.
est embarrassé.

Ἐγὼν μὲν ἐνδείξομαι
Moi à la vérité je me justifierai

Πηλείδῃ·
au fils-de-Pélée ;

αὐτὰρ οἱ ἄλλοι, Ἀργεῖοι,
mais vous autres, Argiens,

οὓς
comprenez

ρύει τε εὖ ἕκαστος μῦθον.
et connaissez bien chacun mon dis-

Πολλάκι δὴ Ἀχαιοὶ
Souvent déjà les Achéens [cours.

ἔειπόν μοι τοῦτον μῦθον,
ont dit à moi ce discours,

καί τε νεικείεσκόν με·
et ils gourmandaient moi ;

ἐγὼ δὲ οὐκ εἰμι αἴτιος,
or moi je ne suis pas coupable,

ἀλλὰ Ζεὺς καὶ Μοῖρα
mais Jupiter et la Destinée

καὶ Ἐριννὺς ἠεροφοῖτις,
et Érinnys habitante-des-ténèbres,

αἵ τε ἐν ἀγορῇ
qui dans l'assemblée

ἔμβαλον φρεσί μοι
jetèrent-dans l'esprit à moi

ἄτην ἄγριον,
un aveuglement funeste,

ᾧ ἤματι ὅτε αὐτὸς
en ce jour lorsque (où) moi-même

ἀπηύρων γέρας Ἀχιλλῆος.
j'enlevai la récompense à Achille.

Ἀλλὰ τί κε ῥέξαιμι;
Mais quelle chose aurais-je faite?

θεὸς διατελευτᾷ πάντα,
Une déesse mène-à-fin tout,

πρέσβα Διός,
c'est la fille auguste de Jupiter,

Ἄτη οὐλομένη,
Até funeste,

ἣ ἀᾶται πάντας·
qui trompe tous ;

τῆς τε μὲν τῆς
et les pieds à la vérité d'elle

πίλναται, ἀλλ' ἄρα ἥγε κατ' ἀνδρῶν κράατα βαίνει,
βλάπτουσ' ἀνθρώπους· κατὰ δ' οὖν ἕτερόν γε πέδησε.
Καὶ γὰρ δή νύ ποτε Ζῆν' ἄσατο, τόνπερ ἄριστον   95
ἀνδρῶν ἠδὲ θεῶν φασ' ἔμμεναι· ἀλλ' ἄρα καὶ τὸν
Ἥρη, θῆλυς ἐοῦσα, δολοφροσύνης ἀπάτησεν
ἤματι τῷ ὅτ' ἔμελλε βίην Ἡρακληείην
Ἀλκμήνη τέξεσθαι ἐϋστεφάνῳ ἐνὶ Θήβῃ.
Ἤτοι ὅγ' εὐχόμενος μετέφη πάντεσσι θεοῖσι·   100
    « Κέκλυτέ μευ, πάντες τε θεοὶ πᾶσαί τε θέαιναι,
ὄφρ' εἴπω τά με θυμὸς ἐνὶ στήθεσσιν ἀνώγει.
Σήμερον ἄνδρα φόωσδε μογοστόκος Εἰλείθυια
ἐκφανεῖ, ὃς πάντεσσι περικτιόνεσσιν ἀνάξει,
τῶν ἀνδρῶν γενεῆς, οἵθ' αἵματος ἐξ ἐμεῦ εἰσι. »   105
    Τὸν δὲ δολοφρονέουσα προσηύδα πότνια Ἥρη·
    « Ψευστήσεις, οὐδ' αὖτε τέλος μύθῳ ἐπιθήσεις.
Εἰ δ', ἄγε νῦν μοι ὄμοσσον, Ὀλύμπιε, καρτερὸν ὅρκον,

---

marche sur la tête des hommes pour les anéantir; il en est d'autres
dont elle enchaîne aussi les esprits. Jadis elle offensa Jupiter que l'on
dit le plus puissant des hommes et des dieux; Junon, qui n'était
qu'une femme, le trompa par ses artifices, lorsqu'Alcmène allait
donner le jour au vaillant Hercule dans Thèbes aux superbes remparts. Jupiter triomphant disait dans l'assemblée des dieux :

« Écoutez, dieux et déesses, ce que mon cœur m'engage à vous
dire. Aujourd'hui, Ilithye qui préside aux enfantements, fera venir
au jour un guerrier qui doit régner sur tous ses voisins, un guerrier
de la race des hommes qui sont issus de mon sang. »

L'auguste Junon lui dit avec artifice :

« Non, tu n'accompliras jamais ce que tu dis. Eh bien! souverain

ἁπαλοί·
οὐ κίνυται γὰρ ἐπὶ οὔδει,
ἀλλὰ ἄρα ἥγε βαίνει
κατὰ κράατα ἀνδρῶν,
βλάπτουσα ἀνθρώπους·
κατέδησε δὲ οὖν
ἕτερόν γε.
Καὶ γὰρ δή νύ ποτε
κάτο Ζῆνα,
ὅνπερ φασὶν ἔμμεναι
ἄριστον
ἀνδρῶν ἠδὲ θεῶν·
ἀλλὰ καὶ ἄρα
Ἥρη, ἐοῦσα θῆλυς,
ἐκάτησε τὸν δολοφροσύνῃς,
ᾧ ἤματι ὅτε Ἀλκμήνη
ἔμελλε τέξεσθαι
βίην Ἡρακληείην
ἐν Θήβῃ ἐϋστεφάνῳ.
Ἤτοι ὅγε εὐχόμενος
μετέφη πάντεσσι θεοῖσι·
«Κέκλυτέ μευ, πάντες τε θεοὶ
πᾶσαί τε θέαιναι,
ὄφρα εἴπω
ἅ θυμὸς ἐνὶ στήθεσσιν
ἄνωγέ με.
Σήμερον Εἰλείθυια
μογοστόκος
ἐκφανεῖ φόωσδε
ἄνδρα, γενεῆς τῶν ἀνδρῶν,
οἳ εἰσὶν ἐξ αἵματος ἐμεῦ,
ᾗ ἀνάξει
πάντεσσι περικτιόνεσσιν.»
Ἥρη δὲ πότνια
προσηύδα τὸν δολοφρονέουσα·
«Ψευστήσεις,
ἀλλ᾽ αὖτε ἐπιθήσεις τέλος
μύθῳ.
Εἰ εἰ, ἄγε, νῦν
ὄμοσσόν μοι, Ὀλύμπιε,

sont tendres ;   [che pas au) sol ,
car elle ne s'approche pas du (ne tou-
mais donc celle-ci marche
sur les têtes des hommes,
blessant les humains ;   [loppe)
et donc elle a enchaîné (elle enve-
l'un du moins *de ceux qui se querel-*
Car déjà autrefois   [lent.
elle trompa Jupiter,
lequel-cependant on dit être
le meilleur (le plus puissant)
des hommes et des dieux ;
mais encore donc
Junon, étant femme,
trompa lui par *ses* ruses,
en ce jour lorsque (où) Alcmène
était-sur-le-point d'enfanter
la force d'-Hercule (Hercule)
dans Thèbes bien-fortifiée.
Alors celui-ci se glorifiant
dit-au-milieu de tous les dieux :
« Écoutez-moi, et *vous* tous dieux
et *vous* toutes déesses,
afin que je dise   [poitrine
les choses que *mon* cœur dans *ma*
engage moi *à dire.*
Aujourd'hui Ilithye
qui-préside-aux-enfantements
fera-paraître à-la-lumière
un homme, de la race des hommes,
qui sont du sang de moi,
lequel commandera
à tous les voisins. »
Or Junon vénérable
dit-à lui en méditant-des-ruses :
« Tu mentiras,   [sement)
et tu ne mettras pas fin (accompli-
à *ton* discours (à tes paroles).
Mais si *tu veux*, allons, maintenant
jure à moi, *Jupiter* Olympien,

ἦ μὲν τὸν πάντεσσι περικτιόνεσσιν ἀνάξειν,
ὅς κεν ἐπ' ἤματι τῷδε πέσῃ μετὰ ποσσὶ γυναικὸς   110
τῶν ἀνδρῶν, οἳ σῆς ἐξ αἵματός εἰσι γενέθλης. »

« Ὡς ἔφατο· Ζεὺς δ' οὔτι δολοφροσύνην ἐνόησεν,
ἀλλ' ὄμοσεν μέγαν ὅρκον· ἔπειτα δὲ πολλὸν ἀάσθη.
Ἥρη δ' ἀΐξασα λίπεν ῥίον Οὐλύμποιο,
καρπαλίμως δ' ἵκετ' Ἄργος Ἀχαϊκὸν, ἔνθ' ἄρα ᾔδη   115
ἰφθίμην ἄλοχον Σθενέλου Περσηϊάδαο.
Ἡ δ' ἐκύει φίλον υἱόν· ὁ δ' ἕβδομος ἑστήκει μείς·
ἐκ δ' ἄγαγε πρὸ φόωσδε, καὶ ἠλιτόμηνον ἐόντα,
Ἀλκμήνης δ' ἀπέπαυσε τόκον, σχέθε δ' Εἰλειθυίας.
Αὐτὴ δ' ἀγγελέουσα Δία Κρονίωνα προσηύδα·   120

« Ζεῦ πάτερ, ἀργικέραυνε, ἔπος τί τοι ἐν φρεσὶ θήσω.
Ἤδη ἀνὴρ γέγον' ἐσθλὸς, ὃς Ἀργείοισιν ἀνάξει,
Εὐρυσθεὺς, Σθενέλοιο πάϊς Περσηϊάδαο,
σὸν γένος· οὔ οἱ ἀεικὲς ἀνασσέμεν Ἀργείοισιν. »

Jupiter, atteste-moi par un serment inviolable qu'il régnera sur tous
ses voisins celui qui en ce jour, parmi les hommes issus de ton sang,
sortira des entrailles d'une femme. »

« Elle dit, et Jupiter ne soupçonne point la fraude; il prononce un
serment solennel, qui plus tard lui devint si funeste. Junon s'élance
alors du sommet de l'Olympe, et se dirige en toute hâte vers Argos
en Achaïe, où elle était certaine de trouver l'illustre épouse de Sthénélus, fils de Persée. Celle-ci portait un enfant dans son sein, et le
septième mois avait commencé. La déesse amène l'enfant à la lumière,
même avant le terme, suspend les douleurs d'Alcmène, et arrête
les Ilithyes. Junon vient elle-même porter cette nouvelle à Jupiter,
fils de Saturne :

« Souverain Jupiter, toi qui lances la foudre étincelante, grave mes
paroles au fond de ton âme. Il vient de naître, cet illustre héros qui
doit commander aux Grecs, Eurysthée, fils de Sthénélus dont Persée
fut le père; sorti de ton sang, il n'est pas indigne de commander aux
Argiens. »

ὅρκον καρτερόν,	un serment fort (inviolable),
τὸν ἦ μὲν	celui-là certes à la vérité
ἀνάξειν	devoir commander
πάντεσσι περικτιόνεσσιν,	à tous les voisins,
ὃς τῶν ἀνδρῶν,	lequel d'entre les hommes,
οἳ εἰσιν ἐξ αἵματος σῆς γενέθλης,	qui sont du sang de ta race,
πέσῃ κε τῷδε ἤματι	sera tombé en ce jour
μετὰ ποσσὶ γυναικός. »	entre les pieds d'une femme. »
« Ἔρατο ὥς· Ζεὺς δὲ	« Elle dit ainsi; et Jupiter
οὔτι ἐνόησε δολοφροσύνην,	ne comprit nullement *sa* ruse,
ἀλλὰ ὤμοσεν ὅρκον μέγαν·	mais il jura un serment grand;
ἔπειτα δὲ ἀάσθη πολλόν.	et ensuite il fut trompé beaucoup.
Ἥρη δὲ ἀΐξασα	Or Junon s'étant élancée
λίπε ῥίον Οὐλύμποιο,	quitta le sommet de l'Olympe,
ἵκετο δὲ καρπαλίμως·	et elle vint à-la-hâte
Ἄργος Ἀχαιικόν,	à Argos *ville* d'-Achaïe,
ἔνθα ἄρα ᾔδη	où certes elle savait *être* (qu'était)
ἄλοχον ἰφθίμην	l'épouse illustre
Σθενέλου Περσηϊάδαο.	de Sthénélus fils-de-Persée.
Ἣ δὲ ἐκύει	Or celle-ci était-enceinte
υἱὸν φίλον·	d'un fils chéri;
ὁ δὲ ἕβδομος μεὶς ἑστήκει·	et le septième mois avait commencé;
προεξάγαγε δὲ φόωσδε,	et elle amena-en-avant à-la-lumière
καὶ ἐόντα ἠλιτόμηνον,	*lui*, même étant prématuré,
ἐπέπαυσε δὲ	mais elle fit-cesser
τόκον Ἀλκμήνης,	l'enfantement d'Alcmène,
σχέθε δὲ Εἰλειθυίας.	et elle arrêta les Ilithyes.
Αὐτὴ δὲ ἀγγελέουσα	Or elle-même devant annoncer *cela*
προσηύδα Δία Κρονίωνα	dit-à Jupiter fils-de-Saturne:
« Ζεῦ πάτερ,	« Jupiter père (souverain),
ἀργικέραυνε,	*toi* qui-lances-la-foudre étincelante,
θήσω ἐν φρεσί τοι	je placerai dans l'esprit à toi
ἔπος τι.	une parole.
Ἤδη γέγονεν ἀνὴρ ἐσθλός,	Déjà est né l'homme illustre,
ὃς ἀνάξει Ἀργείοισιν,	qui commandera aux Argiens,
Εὐρυσθεύς,	Eurysthée,
πάϊς Σθενέλοιο Περσηϊάδαο,	fils de Sthénélus issu-de-Persée,
σὸν γένος·	ta race; (est digne)
οὐκ ἀεικὲς οἱ	il n'est pas inconvenant pour lui (il
ἀνασσέμεν Ἀργείοισι. »	de commander aux Argiens. »

« Ὡς φάτο· τὸν δ' ἄχος ὀξὺ κατὰ φρένα τύψε βαθεῖαν. 125
Αὐτίκα δ' εἷλ' Ἄτην κεφαλῆς λιπαροπλοκάμοιο,
χωόμενος φρεσὶν ᾗσι, καὶ ὤμοσε καρτερὸν ὅρκον,
μήποτ' ἐς Οὔλυμπόν τε καὶ οὐρανὸν ἀστερόεντα
αὖτις ἐλεύσεσθαι Ἄτην, ἣ πάντας ἀᾶται.
Ὣς εἰπὼν, ἔρριψεν ἀπ' οὐρανοῦ ἀστερόεντος, 130
χειρὶ περιστρέψας· τάχα δ' ἵκετο ἔργ' ἀνθρώπων.
Τὴν αἰεὶ στενάχεσχ', ὅθ' ἑὸν φίλον υἱὸν ὁρῷτο
ἔργον ἀεικὲς ἔχοντα ὑπ' Εὐρυσθῆος ἀέθλων.

« Ὡς καὶ ἐγὼν, ὅτε δ' αὖτε μέγας κορυθαίολος Ἕκτωρ
Ἀργείους ὀλέεσκεν ἐπὶ πρύμνῃσι νέεσσιν, 135
οὐ δυνάμην λελαθέσθ' Ἄτης, ᾗ πρῶτον ἀάσθην.
Ἀλλ' ἐπεὶ ἀασάμην, καί μευ φρένας ἐξέλετο Ζεύς,
ἂψ ἐθέλω ἀρέσαι, δόμεναί τ' ἀπερείσι' ἄποινα·
ἀλλ' ὄρσευ πολεμόνδε, καὶ ἄλλους ὄρνυθι λαούς.
Δῶρα δ' ἐγὼν ὅδε πάντα παρασχεῖν, ὅσσα τοι ἐλθὼν 140
χθιζὸς ἐνὶ κλισίῃσιν ὑπέσχετο δῖος Ὀδυσσεύς.

« Elle dit, et Jupiter ressent au fond de l'âme une vive douleur. Soudain, dans sa colère, il saisit Até par sa brillante chevelure, et, par un serment solennel, il interdit l'entrée de l'Olympe et du ciel étoilé à la déesse Até qui abuse tous les cœurs. Puis de sa main il la précipite du haut des cieux, et bientôt elle arrive sur la terre. Cependant Jupiter gémissait chaque fois qu'il voyait son fils chéri accomplissant de serviles travaux sous les ordres d'Eurysthée.

« Moi-même aussi, lorsque le redoutable Hector, au casque étincelant, immolait les Argiens devant les poupes de nos navires, je ne pus méconnaître l'influence d'Até, qui d'abord frappa mes esprits. Mais puisque j'ai failli et que Jupiter m'a ravi la raison, je veux aujourd'hui t'apaiser et te donner de riches présents. Allons, vole au combat, excite les guerriers. Moi, je t'offre tous les dons que le divin Ulysse t'a promis hier sous ta tente. Si tu le veux, calme

« Φάτο ὥς·
ὅγε δὲ ὀξὺ τύψε τὸν
κατὰ φρένα βαθεῖαν.
Αὐτίκα δὲ εἷλεν Ἄτην
κεφαλῆς λιπαροπλοκάμοιο,
χωόμενος ᾗσι φρεσί,
καὶ ὤμοσεν ὅρκον κρατερὸν,
Ἄτην, ἣ ἄαται πάντας,
μήποτε ἐλεύσεσθαι αὖτις
ἔς τε Οὔλυμπον
καὶ οὐρανὸν ἀστερόεντα.
Εἰπὼν ὥς, ἔῤῥιψεν
ἀπὸ οὐρανοῦ ἀστερόεντος,
περιστρέψας χειρί·
ἵκετο δὲ τάχα
ἔργα ἀνθρώπων.
Ἐστενάχιζεν αἰεὶ τὴν,
κατ ὁρῷτο ἑὸν υἱὸν φίλον
ἔχοντα
ἔργον ἀεικὲς
ὑπὸ ἀέθλων
Εὐρυσθῆος.

« Ὡς ἐγὼν καὶ,
καὶ δὲ αὐτε
Ἕκτωρ μέγας κορυθαίολος
ὤλεσεν Ἀργείους
ἐπὶ πρύμνησι νέεσσιν,
οὐ δυνάμην λελαθέσθαι Ἄτης,
ᾗ κρῶτον ἀάσθην.
Ἀλλὰ ἐπεὶ ἀασάμην,
καὶ Ζεὺς ἐξέλετο
φρένας μευ,
ἐθέλω ἂψ ἀρέσαι,
δόμεναί τε ἄποινα ἀπερείσια·
ἀλλὰ ὄρσευ πόλεμόνδε,
καὶ ὄρνυθι ἄλλους λαούς.
Ἐγὼν δὲ ὅδε
παρασχεῖν πάντα δῶρα,
ὅσσα Ὀδυσσεὺς δῖος ἐλθὼν
ὑπέσχετό τοι χθιζὸς ἐνὶ κλισίῃσιν.

« Elle dit ainsi ;
et une douleur aiguë frappa lui
dans son cœur profond.
Or aussitôt il saisit Até
par sa tête à-la-brillante-chevelure,
étant irrité dans ses esprits
et il jura un serment fort,
Até, qui aveugle tous ;
ne devoir jamais venir de nouveau
et dans l'Olympe
et dans le ciel étoilé.
Ayant dit ainsi, il la jeta
du haut du ciel étoilé,
l'ayant fait-tourner avec la main ;
et elle arriva bientôt
aux travaux des hommes (sur la terre).
Jupiter gémissait toujours sur elle,
lorsqu'il voyait son fils chéri
ayant (accomplissant)
une œuvre indigne
sous les travaux
d'Eurysthée (imposés par Eurysthée).

« Ainsi moi aussi,
lorsque de son côté
Hector grand-au-casque-varié
faisait-périr les Argiens
devant les poupes-des-vaisseaux,
je ne pourais pas oublier Até,
par laquelle d'abord je fus trompé.
Mais puisque j'ai failli,
et que Jupiter a enlevé
les esprits (la raison) à moi,
je veux de nouveau t'apaiser,
et te donner des rançons immenses ;
mais lève-toi pour-le-combat,
et excite les autres peuples.
Et moi que-voici je m'engage
à fournir tous les présents,
que Ulysse divin étant venu
promit à toi hier dans les tentes.

Εἰ δ' ἐθέλεις, ἐπίμεινον, ἐπειγόμενός περ Ἄρηος·
δῶρα δέ τοι θεράποντες, ἐμῆς παρὰ νηὸς ἑλόντες,
οἴσουσ', ὄφρα ἴδηαι ὃ τοι μενοεικέα δώσω. »

    Τὸν δ' ἀπαμειβόμενος προσέφη πόδας ὠκὺς Ἀχιλλεύς·   145

    « Ἀτρείδη κύδιστε, ἄναξ ἀνδρῶν Ἀγάμεμνον,
δῶρα μὲν, αἴ κ' ἐθέλῃσθα, παρασχέμεν, ὡς ἐπιεικὲς,
ἤτ' ἐχέμεν, παρὰ σοί. Νῦν δὲ μνησώμεθα χάρμης
αἶψα μάλ'· οὐ γὰρ χρὴ κλοτοπεύειν¹ ἐνθάδ' ἐόντας,
οὐδὲ διατρίβειν· ἔτι γὰρ μέγα ἔργον ἄρεκτον·   150
ὥς κέ τις αὖτ' Ἀχιλῆα μετὰ πρώτοισιν ἴδηται,
ἔγχεϊ χαλκείῳ Τρώων ὀλέκοντα φάλαγγας.
Ὧδέ τις ὑμείων μεμνημένος ἀνδρὶ μαχέσθω. »

    Τὸν δ' ἀπαμειβόμενος προσέφη πολύμητις Ὀδυσσεύς·

    « Μὴ δ' οὕτως, ἀγαθός περ ἐὼν, θεοείκελ' Ἀχιλλεῦ,   155
νήστιας ὄτρυνε προτὶ Ἴλιον υἷας Ἀχαιῶν
Τρωσὶ μαχησομένους· ἐπεὶ οὐκ ὀλίγον χρόνον ἔσται

---

un instant ton ardeur guerrière; mes serviteurs iront chercher
sur mes vaisseaux les présents que je te donne pour apaiser ton
cœur. »

    Achille, aux pieds rapides, lui répond :

    « Noble fils d'Atrée, Agamemnon, prince des hommes, tu peux à
ton gré m'accorder ces présents, comme il est juste, ou les retenir.
Maintenant ne songeons plus qu'à retourner au combat ; il ne faut pas
perdre ici notre temps en vaines paroles ni tarder davantage ; car la
grande œuvre de notre vengeance n'est pas encore achevée ; bientôt
on verra aux premiers rangs Achille, armé d'une lance d'airain, ren-
verser les phalanges troyennes. Ainsi que chacun de vous songe à
lutter avec un ennemi. »

    L'artificieux Ulysse lui répond :

    « Divin Achille, quelle que soit ta valeur, n'entraîne pas les fils
des Achéens, maintenant privés de nourriture, à combattre les
Troyens près d'Ilion ; la lutte ne sera pas de courte durée, quand

Εἰ δὲ ἐθέλεις, ἐπίμεινον,
ἐπειγόμενός περ Ἄρηος·
θεράποντες δὲ
οἴσουσί τοι δῶρα,
ἐλόντες παρὰ ἐμῆς νηός,
ὄφρα ἴδηαι
ἃ δώσω τοι
μειλίχια. »
Ἀχιλεὺς δὲ ὠκὺς πόδας
προσέφη τὸν ἀπαμειβόμενος·
« Ἀτρείδη κύδιστε,
Ἀγάμεμνον ἄναξ ἀνδρῶν,
κάρτα σοὶ μὲν
παρασχέμεν, αἴ κεν ἐθέλῃσθα,
ὡς ἐπιεικές,
ἠὲ ἐχέμεν δῶρα.
Νῦν δὲ
μνησώμεθα χάρμης
μάλα αἶψα·
οὐ γὰρ χρὴ ἐόντας ἐνθάδε
κλοτοπεύειν,
οὐδὲ διατρίβειν·
ἔργον γὰρ μέγα
ἔτι ἄρεκτον·
ὡς τίς κεν ἴδηται αὖτε
μετὰ πρώτοισιν
Ἀχιλῆα
ἔλκοντα ἔγχεϊ χαλκείῳ
φάλαγγας Τρώων.
Ὦδέ τις ὑμέων
μεμνημένος
μαχέσθω ἀνδρί. »
Ὀδυσσεὺς δὲ πολύμητις
προσέφη τὸν ἀπαμειβόμενος·
« Μὴ ὄτρυνε δὲ οὕτως,
ἐὼν περ ἀγαθός,
Ἀχιλεῦ θεοείκελε,
υἷας Ἀχαιῶν νήστιας
μαχησομένους προτὶ Ἴλιον
Τρωσίν·

Or si tu veux, attends,		[bat;
quoique étant empressé pour le com-
et mes serviteurs
porteront à toi les présents,
les ayant pris de (sur) mon vaisseau,
afin que tu voies
que je donnerai à toi
des choses agréables. »
Or Achille rapide des pieds
dit-à lui répondant :
« Fils-d'Atrée très-illustre,
Agamemnon prince des hommes,
il est-au-pouvoir-de toi à la vérité
de donner, si tu le veux,
comme il est juste,
ou de retenir ces présents.
Mais maintenant
souvenons-nous du combat
tout-à-fait sur-le-champ ;
car il ne faut pas nous étant ici
perdre-le-temps-en-paroles,
ni nous arrêter ;
car l'œuvre grande
est encore inachevée ;
afin que quelqu'un voie de nouveau
parmi les premiers combattants
Achille
détruisant par sa lance d'-airain
les phalanges des Troyens.
Ainsi que quelqu'un (chacun) de vous
se souvenant de lui		[mi). »
combatte avec un homme (un enne-
Or Ulysse fertile-en-expédients
dit-à lui répondant :
« N'excite pas cependant ainsi,
quoique étant courageux,
Achille semblable-à-un-dieu,
les fils des Achéens à-jeun
devant combattre près d'Ilion
avec les Troyens ;

φύλοπις, εὖτ' ἂν πρῶτον ὁμιλήσωσι φάλαγγες
ἀνδρῶν, ἐν δὲ θεὸς πνεύσῃ μένος ἀμφοτέροισιν.
Ἀλλὰ πάσασθαι ἄνωχθι θοῆς ἐπὶ νηυσὶν Ἀχαιοὺς   150
σίτου καὶ οἴνοιο· τὸ γὰρ μένος ἐστὶ καὶ ἀλκή·
οὐ γὰρ ἀνὴρ πρόπαν ἦμαρ ἐς ἠέλιον καταδύντα
ἄκμηνος σίτοιο δυνήσεται ἄντα μάχεσθαι.
Εἴπερ γὰρ θυμῷ γε μενοινάᾳ πολεμίζειν,
ἀλλά τε λάθρῃ γυῖα βαρύνεται, ἠδὲ κιχάνει   165
δίψα τε καὶ λιμὸς, βλάβεται δέ τε γούνατ' ἰόντι.
Ὃς δέ κ' ἀνὴρ, οἴνοιο κορεσσάμενος καὶ ἐδωδῆς,
ἀνδράσι δυσμενέεσσι πανημέριος πολεμίζῃ,
θαρσαλέον νύ οἱ ἦτορ ἐνὶ φρεσὶν, οὐδέ τι γυῖα
πρὶν κάμνει, πρὶν πάντας ἐρωῆσαι πολέμοιο.   170
Ἀλλ' ἄγε, λαὸν μὲν σκέδασον, καὶ δεῖπνον ἄνωχθι
ὅπλεσθαι· τὰ δὲ δῶρα ἄναξ ἀνδρῶν Ἀγαμέμνων
οἰσέτω ἐς μέσσην ἀγορὴν, ἵνα πάντες Ἀχαιοὶ
ὀφθαλμοῖσιν ἴδωσι, σὺ δὲ φρεσὶ σῇσιν ἰανθῇς.

une fois les phalanges se seront attaquées et qu'un dieu aura soufflé une flamme guerrière aux deux armées. Ordonne aux Achéens de se rassasier, sur leurs rapides vaisseaux, de pain et de vin; c'est là ce qui donne la force et la vigueur. L'homme qui est resté sans rien prendre depuis la première lueur du jour jusqu'au coucher du soleil, ne peut combattre. Malgré sa belliqueuse ardeur, ses membres, à son insu, s'appesantissent, la faim et la soif l'épuisent, et ses genoux qui fléchissent l'arrêtent dans sa marche. L'homme, au contraire, qui sera rassasié de pain et de vin, pourra combattre l'ennemi pendant tout le jour; dans sa poitrine, son cœur battra plein d'audace; et il ne ressentira la fatigue que lorsque le champ de bataille sera abandonné de toutes parts. Renvoie tes guerriers sous leurs tentes, et fais préparer le repas; Agamemnon, roi des hommes, portera les présents au milieu de l'assemblée, afin que tous les Achéens les voient de leurs propres yeux et que tu te réjouisses au fond de ton âme. Agamemnon,

ἐπεὶ φύλοπις	puisque (car) le combat
οὐκ ἔσται χρόνον ὀλίγον,	ne sera pas d'un temps court,
εὖτε ἂν πρῶτον	lorsque d'abord (quand une fois)
φάλαγγες ἀνδρῶν	les phalanges des hommes
ξυμβλήσωσι,	se seront rencontrées,
καὶ δὲ ἐμπνεύσῃ μένος	et qu'un dieu aura soufflé l'ardeur
ἀμφοτέροισιν.	aux-uns-et-aux-autres.
ἀλλὰ ἄνωχθι Ἀχαιοὺς	Mais ordonne les Achéens
τίσασθαι σίτου καὶ οἴνοιο	se rassasier de nourriture et de vin
ἐπὶ νηυσὶ θοῆς·	sur les vaisseaux rapides;
τὸ γάρ ἐστι μένος καὶ ἀλκή.	car cela est la force et la vigueur.
ἀνὴρ γὰρ ἄκμηνος σίτοιο	Car un homme à-jeun de nourriture
πρόπαν ἦμαρ	pendant tout le jour
ἐς ἠέλιον καταδύντα	jusqu'au soleil se couchant
οὐ δυνήσεται μάχεσθαι ἄντα.	ne pourra pas combattre face-à-face.
εἴπερ γὰρ θυμῷ γε	Car quoique dans son cœur du moins
μενοινάᾳ πολεμίζειν,	il désire-ardemment combattre,
ἀλλά τε γυῖα	cependant ses membres
βαρύνεται λάθρῃ,	s'appesantissent secrètement,
δίψα τε καὶ λιμὸς κιχάνει,	et la faim et la soif l'atteignent,
γούνατα δέ τε βλάβεται	et les genoux sont empêchés
ἰόντι.	à lui marchant.
ἀνὴρ δὲ ὃς, κορεσσάμενος	Mais l'homme qui, s'étant rassasié
οἴνοιο καὶ ἐδωδῆς,	de vin et de nourriture,
πολεμίζῃ κε πανημέριος	combat tout-le-jour
ἀνδράσι δυσμενέεσσιν,	contre des hommes ennemis,
οἱ τῷ ἦτορ θαρσαλέον	à lui certes est un cœur audacieux
ἐνὶ φρεσὶ,	dans sa poitrine,
γυῖα δὲ οὐ κάμνει τι	et ses membres ne se fatiguent pas
πρὶν,	auparavant,
πρὶν πάντας	avant tous (avant que tous)
ἐρωῆσαι πολέμοιο.	s'être (se soient) retirés du combat.
ἀλλὰ ἄγε, σκέδασον μὲν λαόν,	Mais va, renvoie à la vérité le peuple,
καὶ ἄνωχθι δεῖπνον ὁπλίσθαι·	et ordonne un repas être préparé;
Ἀγαμέμνων δὲ ἄναξ ἀνδρῶν	et qu'Agamemnon roi des hommes
οἰσέτω τὰ δῶρα	porte les présents
ἐς μέσσην ἀγορήν,	dans le-milieu-de l'assemblée,
ἵνα πάντες Ἀχαιοὶ	afin que tous les Achéens
ἴδωσιν ὀφθαλμοῖσι,	les voient de leurs yeux,
σὺ δὲ ἰανθῇς σῇσι φρεσίν.	et que toi tu sois réjoui dans ton âme.

Ὀμνυέτω δέ τοι ὅρκον, ἐν Ἀργείοισιν ἀναστάς,   175
μήποτε τῆς εὐνῆς ἐπιβήμεναι, ἠδὲ μιγῆναι,
ἣ θέμις ἐστὶν, ἄναξ, ἤτ' ἀνδρῶν ἤτε γυναικῶν·
καὶ δὲ σοὶ αὐτῷ θυμὸς ἐνὶ φρεσὶν ἵλαος ἔστω.
Αὐτὰρ ἔπειτά σε δαιτὶ ἐνὶ κλισίῃ ἀρεσάσθω
πιείρῃ, ἵνα μήτι δίκης ἐπιδευὲς ἔχῃσθα.   180
Ἀτρείδη, σὺ δ' ἔπειτα δικαιότερος καὶ ἐπ' ἄλλῳ
ἔσσεαι· οὐ μὲν γάρ τι νεμεσσητὸν βασιλῆα
ἄνδρ' ἀπαρέσσασθαι, ὅτε τις πρότερος χαλεπήνῃ[1]. »

     Τὸν δ' αὖτε προσέειπεν ἄναξ ἀνδρῶν Ἀγαμέμνων·
« Χαίρω σευ, Λαερτιάδη, τὸν μῦθον ἀκούσας·   185
ἐν μοίρῃ γὰρ πάντα διίκεο καὶ κατέλεξας.
Ταῦτα δ' ἐγὼν ἐθέλω ὀμόσαι, κέλεται δέ με θυμὸς,
οὐδ' ἐπιορκήσω πρὸς δαίμονος. Αὐτὰρ Ἀχιλλεὺς
μιμνέτω αὖθι τέως, καὶ ἐπειγόμενός περ Ἄρηος·
μίμνετε δ' ἄλλοι πάντες ἀολλέες, ὄφρα κε δῶρα   190
ἐκ κλισίης ἔλθῃσι, καὶ ὅρκια πιστὰ τάμωμεν.

debout au milieu de nous, jurera que jamais il n'a partagé la couche de Briséis, que jamais il ne s'est uni à elle, comme les hommes ont coutume de s'unir aux femmes. Toi, calme ton cœur; Agamemnon t'offrira dans sa tente un festin splendide, afin que la réparation soit complète. Fils d'Atrée, tu seras à l'avenir plus juste envers un autre guerrier; car il est beau d'apaiser un roi, quand on l'a offensé le premier. »

Agamemnon, roi des hommes, lui répond:

« C'est avec joie, fils de Laërte, que je viens d'entendre tes paroles; tu as tout rappelé, tu as tout exposé avec une sagesse irréprochable. Oui, je veux prononcer ce serment, mon cœur m'y engage, et je ne me parjurerai point devant un dieu. Qu'Achille cependant attende encore ici, et contienne son impatiente valeur; et vous tous ici réunis, restez de même, jusqu'à ce que les présents arrivent de ma tente et que nous immolions des victimes comme gages fidèles du

Ἀναστὰς δὲ ἐν Ἀργείοισιν,
Or s'étant levé parmi les Argiens,

ἰμνύτω τοι ὅρκον,
qu'il jure à toi un serment,

μήποτε ἐπιβήμεναι τῆς εὐνῆς,
lui jamais n'être monté-sur son lit,

ἠδὲ μιγῆναι,
et ne s'être jamais uni à elle,

ᾗ ἐστὶ θέμις, ἄναξ,
comme c'est l'usage, prince,

ἥτε ἀνδρῶν ἥτε γυναικῶν·
et des hommes et des femmes;

καὶ δὲ θυμὸς σοὶ αὐτῷ
et que le cœur à toi-même

ἔστω ἵλαος ἐνὶ φρεσίν.
soit calme dans ta poitrine.

Αὐτὰρ ἔπειτα ἐνὶ κλισίῃς
Et ensuite que dans ses tentes

ἀρεσάσθω σε
il apaise toi

ἐπὶ μείρῃ,
par un festin gras (splendide),

ἵνα μήτι ἔγκοθα δίκης
afin que tu n'aies rien de ton droit

ἐπιδευές.
qui soit défectueux (ne soit pas ac-

Ἀτρείδη, σὺ δὲ ἔπειτα
Fils-d'Atrée, toi ensuite   [compli).

ἔσσεαι δικαιότερος· καὶ
tu seras plus juste aussi

ἐπὶ ἄλλῳ·
envers un autre;

οὐ γάρ τι
car ce n'est pas quelque chose

ἀμεσσητὸν μὲν,
de blâmable à la vérité,

ἐπαρέσσασθαι ἄνδρα βασιλῆα,
d'apaiser un homme roi,

ὅτε τις
quand quelqu'un

χαλεπήνῃ πρότερος.»
l'a offensé le premier.»

Ἀγαμέμνων δὲ ἄναξ ἀνδρῶν
Or Agamemnon roi des hommes

προσέειπε τὸν αὖτε·
dit-à lui de son côté:

«Χαίρω, Λαερτιάδη,
«Je me réjouis, fils-de-Laërte,

ἀκούσας τὸν μῦθόν σευ·
ayant entendu le discours de toi;

ἐπίκειο γὰρ
car tu as détaillé

καὶ κατέλεξας πάντα
et tu as énuméré tout

ἐν μοίρῃ.
selon la convenance.

Ἐγὼ δὲ ἐθέλω ὀμόσαι ταῦτα,
Or moi je veux jurer ces choses,

θυμὸς δὲ κέλεταί με,
et mon cœur ordonne moi le faire,

οὐδὲ ἐπιορκήσω
et je ne me parjurerai pas

πρὸς δαίμονος.
au nom de (en attestant) un dieu.

Αὐτὰρ Ἀχιλλεὺς
Mais qu'Achille

μιμνέτω αὖθι τέως,
reste ici en-attendant,   [bat;

ἐπειγόμενός περ Ἄρηος·
quoique étant empressé pour le com-

ἄλλοι δὲ πάντες ἀολλέες μίμνετε,
et tous autres tous réunis restez,

ὄφρα δῶρα
jusqu'à ce que les présents

ἔλθῃσί κεν ἐκ κλισίης,
soient venus de la tente,

καὶ τάμωμεν
et que nous ayons frappé (contracté)

ὅρκια πιστά.
des alliances fidèles.

Σοὶ δ' αὐτῷ τόδ' ἐγὼν ἐπιτέλλομαι, ἠδὲ κελεύω·
κρινάμενος κούρητας ἀριστῆας Παναχαιῶν,
δῶρα ἐμῆς παρὰ νηὸς ἐνεικέμεν, ὅσσ' Ἀχιλῆϊ
χθιζὸν ὑπέστημεν δώσειν, ἀγέμεν τε γυναῖκας.   135
Ταλθύβιος δέ μοι ὦκα κατὰ στρατὸν εὐρὺν Ἀχαιῶν
κάπρον ἑτοιμασάτω, ταμέειν Διΐ τ' Ἠελίῳ τε. κ

    Τὸν δ' ἀπαμειβόμενος προσέφη πόδας ὠκὺς Ἀχιλλεύς·

« Ἀτρείδη κύδιστε, ἄναξ ἀνδρῶν Ἀγάμεμνον,
ἄλλοτέ περ καὶ μᾶλλον ὀφέλλετε ταῦτα πένεσθαι,   200
ὁππότε τις μετακαυσωλὴ πολέμοιο γένηται,
καὶ μένος οὐ τόσον ᾗσιν ἐνὶ στήθεσσιν ἐμοῖσι.
Νῦν δ' οἱ μὲν κέαται δεδαϊγμένοι, οὓς ἐδάμασσεν
Ἕκτωρ Πριαμίδης, ὅτε οἱ Ζεὺς κῦδος ἔδωκεν.
Ὑμεῖς δ' ἐς βρωτὺν ὀτρύνετον· ἦ τ' ἂν ἔγωγε   205
νῦν μὲν ἀνώγοιμι πτολεμίζειν υἷας Ἀχαιῶν
νήστιας, ἀκμήνους· ἅμα δ' ἠελίῳ καταδύντι
τεύξεσθαι μέγα δόρπον, ἐπὴν τισαίμεθα λώβην.
Πρὶν δ' οὔπως ἂν ἔμοιγε φίλον κατὰ λαιμὸν ἴοίη
οὐ πόσις, οὐδὲ βρῶσις, ἑταίρου τεθνηῶτος,   210

traité. Ulysse, c'est à toi-même que je prescris mes ordres : quand tu auras choisi les plus vaillants des jeunes guerriers Achéens, apporte de mon vaisseau les présents qu'hier j'ai promis à Achille ; amène aussi les captives. Que Talthybius se hâte de préparer, dans le vaste camp des Grecs, un sanglier que nous sacrifierons à Jupiter et au Soleil. »

Achille, aux pieds rapides, réplique à son tour :

« Noble fils d'Atrée, Agamemnon, roi des hommes, tu pourras dans un autre moment te livrer à de tels soins, lorsqu'il y aura trève aux combats, lorsque dans ma poitrine je ne sentirai plus cette bouillante ardeur. Ils gisent maintenant percés par l'airain, ceux qu'a domptés Hector fils de Priam, lorsque Jupiter le comblait de gloire ; et vous nous engagez à un festin ! Pour moi, j'ordonne aux fils des Achéens de combattre à jeun, sans avoir pris de nourriture, et de ne préparer le repas qu'au coucher du soleil, quand nous aurons vengé l'outrage. Jusque-là je ne prendrai aucun breuvage, aucun aliment, puisque j'ai perdu mon fidèle compagnon qui est étendu dans ma tente,

Ἐγὼν δὲ ἐπιτέλλομαι,
ἐδὲ κελεύω τόδε σοὶ αὐτῷ·
κρινάμενος κούρητας
ἀριστῆας Παναχαιῶν,
ἐνεικέμεν παρὰ ἐμῆς νηός
δῶρα, ὅσσα
ὑπέστημεν χθιζὸν δώσειν,
ἀγέμεν τε γυναῖκας.
Ταλθύβιος δὲ ἑτοιμασάτω ὦκα
κατὰ στρατὸν εὐρὺν Ἀχαιῶν
κάπρον, ταμέειν
Διΐ τε Ἠελίῳ τε. »
Ἀχιλλεὺς δὲ ὠκὺς πόδας
προσέφη τὸν ἀπαμειβόμενος·
« Ἀτρείδη κύδιστε,
Ἀγάμεμνον ἄναξ ἀνδρῶν,
ὄφελλέ περ καὶ μᾶλλον
πένεσθαι ταῦτα
ἄλλοτε,
ὁππότε γένηται
τις μεταπαυσωλὴ πολέμοιο,
καὶ μένος οὐκ ἔσι τόσον
ἐνὶ ἐμοῖσι στήθεσσι.
Νῦν δὲ οἱ μὲν,
οὓς Ἕκτωρ Πριαμίδης ἐδάμασσεν,
ὅτε Ζεὺς ἔδωκε κῦδός οἱ,
κέαται δεδαϊγμένοι.
Ὑμεῖς δὲ
ὀτρύνετον ἐς βρωτύν·
ἦ τε ἔγωγε νῦν μὲν
ἂν ἀνώγοιμι υἷας Ἀχαιῶν
πτολεμίζειν νήστιας, ἀκμήνους·
τεύξεσθαι δὲ δόρπον μέγα
ἅμα ἠελίῳ καταδύντι,
ἐπὴν τισαίμεθα λώβην.
Οὐ πόσις δὲ, οὐδὲ βρῶσις·
οὕτως ἂν εἴη ἐμοιγε
πρὶν
κατὰ φίλον λαιμὸν,
ἑταίρου τεθνηῶτος,

Or moi je recommande,
et j'ordonne cela à toi-même ;
ayant choisi les jeunes-gens
les meilleurs de tous-les-Achéens,
apporter (apporte) de mon vaisseau
les présents *aussi nombreux* que
nous avons promis hier d'en donner,
et amener (amène) les femmes.
Et que Talthybius prépare vite
dans l'armée vaste des Achéens
un sanglier, *pour l'immoler*
et à Jupiter et au Soleil. »
Or Achille rapide des pieds
dit-à lui répondant :
« Fils-d'Atrée très-illustre,
Agamemnon roi des hommes,
vous devez du moins plutôt (il faut
avoir-soin-de ces choses   [mieux]
une-autre-fois (dans un autre temps),
lorsque aura-lieu
quelque cessation du combat,
et que l'ardeur ne sera pas-si-grande
dans ma poitrine.
Mais maintenant ceux à la vérité,
qu'Hector fils-de-Priam a domptés,
lorsque Jupiter donna la gloire à lui,
gisent ayant été percés.
Et vous *deux* (Ulysse et toi),
vous *nous* excitez au manger ;
certes moi maintenant à la vérité
j'engagerais les fils des Achéens
à combattre à-jeun, sans-nourriture ;
et à préparer un repas grand
avec le soleil se couchant,   [front.
après que nous aurions vengé l'af-
Or ni le boire, ni le manger
ne viendra nullement à moi
auparavant
dans mon gosier,
mon compagnon étant mort,

ὅς μοι ἐνὶ κλισίῃ δεδαϊγμένος ὀξέϊ χαλκῷ
κεῖται, ἀνὰ πρόθυρον τετραμμένος, ἀμφὶ δ' ἑταῖροι
μύρονται· τό μοι οὔτι μετὰ φρεσὶ ταῦτα μέμηλεν,
ἀλλὰ φόνος τε καὶ αἷμα καὶ ἀργαλέος στόνος ἀνδρῶν. »

Τὸν δ' ἀπαμειβόμενος προσέφη πολύμητις Ὀδυσσεύς· 215

« Ὦ Ἀχιλεῦ, Πηλέος υἱέ, μέγα φέρτατ' Ἀχαιῶν,
κρείσσων εἰς ἐμέθεν καὶ φέρτερος οὐκ ὀλίγον περ
ἔγχει, ἐγὼ δέ κε σεῖο νοήματί γε προβαλοίμην
πολλόν[1]· ἐπεὶ πρότερος γενόμην, καὶ πλείονα οἶδα·
τῷ τοι ἐπιτλήτω κραδίη μύθοισιν ἐμοῖσιν. 220

Αἶψά τε φυλόπιδος πέλεται κόρος ἀνθρώποισιν,
ἧστε πλείστην μὲν καλάμην χθονὶ χαλκὸς ἔχευεν,
ἄμητος δ' ὀλίγιστος, ἐπὴν κλίνῃσι τάλαντα
Ζεύς, ὅστ' ἀνθρώπων ταμίης πολέμοιο τέτυκται.
Γαστέρι δ' οὔπως ἔστι νέκυν πενθῆσαι Ἀχαιούς· 225
λίην γὰρ πολλοὶ καὶ ἐπήτριμοι ἤματα πάντα

percé par le cruel airain, les pieds tournés du côté de la porte, entouré de ses amis en larmes. Mon seul désir est de voir le sang et le carnage et d'entendre les horribles gémissements des guerriers. »

L'artificieux Ulysse reprend aussitôt :

« Achille, fils de Pélée, toi, le plus brave des Achéens, tu es plus puissant, il est vrai, et plus vaillant que moi dans les combats; mais je te surpasse de beaucoup en sagesse; car je suis né avant toi, et j'ai vu plus de choses. Que ton cœur cède à mes avis. Les hommes se fatiguent bien vite des combats; l'airain répand sur la terre de nombreuses victimes, mais la moisson est bien peu abondante, lorsque Jupiter, l'arbitre des guerres parmi les hommes, incline sa balance. Ce n'est point en se privant de nourriture que les Achéens doivent pleurer les morts; tous les jours on voit périr de nombreux

ὅς κεῖται ἐνὶ κλισίῃ μοι
δεδαϊγμένος χαλκῷ ὀξεῖ,
πεπραμμένος ἀνὰ πρόθυρον,
ἑταῖροι δὲ μύρονται ἀμφί·
τὸ ταῦτα
οὔτι μέμηλέ μοι
μετὰ φρεσὶν,
ἀλλὰ φόνος τε καὶ αἷμα
καὶ στόνος ἀργαλέος
ἀνδρῶν. »
    Ὀδυσσεὺς δὲ πολύμητις
προσέφη τὸν ἀπαμειβόμενος·
  « Ὦ Ἀχιλεῦ, υἱὲ Πηλέος,
μέγα φέρτατε
Ἀχαιῶν,
εἰς κρείσσων ἐμέθεν
καὶ φέρτερος οὐκ ὀλίγον περ
ἔγχει,
ἐγὼ δὲ νοήματί γε
προβαλοίμην κε σεῖο
πολλόν·
ἐπεὶ γενόμην πρότερος,
καὶ οἶδα πλείονα·
τῷ κραδίη τοι
ἐπιτλήτω ἐμοῖσι μύθοισι.
Κόρος τε φυλόπιδος
αἶψα αἶψα ἀνθρώποισιν,
ἧστε μὲν
χαλκὸς ἔχευε χθονὶ
καλάμην πλείστην,
ἄμητος δὲ
ὀλίγιστος,
ἐπὴν Ζεὺς,
ὅστε τέτυκται ταμίης
πολέμοιο ἀνθρώπων,
κλίνῃσι τάλαντα.
Οὔπως δὲ ἔστιν
Ἀχαιοὺς πενθῆσαι νέκυν
γαστέρι·
λίην γὰρ πολλοὶ

lequel est-gisant dans la tente à moi,
ayant été percé par l'airain aigu,
étant tourné vers le vestibule,
et des compagnons pleurent autour :
c'est-pourquoi ces choses
ne sont-à-soin nullement à moi
dans mes esprits,
mais et le meurtre et le sang
et les gémissements pénibles
des hommes. »
    Or Ulysse fertile-en-expédients
dit-à lui répondant :
  « O Achille, fils de Pélée,
de beaucoup le plus brave
des Achéens,
tu es meilleur que moi
et plus brave non un peu
par la lance,
mais moi en intelligence du moins
je l'aurai emporté (l'emporte) sur toi
beaucoup ;
car je suis né le premier (avant toi),
et je connais plus de choses ;
ainsi que le cœur à toi
patiente par mes discours.
Et la satiété du combat
est (arrive) vite aux hommes,
duquel *combat* à la vérité
l'airain a répandu (répand) sur la terre
des tiges nombreuses,
mais la moisson
est bien-petite,
lorsque Jupiter,
qui est l'arbitre
du combat des hommes,
incline la balance.
Or il n'est nullement *permis*
les Achéens pleurer un mort
par le ventre (par la faim) ;
car *des guerriers* très-nombreux

πίπτωσιν· πότε κέν τις ἀναπνεύσειε πόνοιο;
Ἀλλὰ χρὴ τὸν μὲν καταθάπτειν ὅς κε θάνῃσι,
νηλέα θυμὸν ἔχοντας, ἐπ' ἤματι δακρύσαντας·
ὅσσοι δ' ἂν πολέμοιο περὶ στυγεροῖο λίπωνται,   230
μεμνῆσθαι πόσιος καὶ ἐδητύος, ὄφρ' ἔτι μᾶλλον
ἀνδράσι δυσμενέεσσι μαχώμεθα νωλεμὲς αἰεί,
ἑσσάμενοι χροῒ χαλκὸν ἀτειρέα. Μηδέ τις ἄλλην
λαῶν ὀτρυντὺν ποτιδέγμενος ἰσχανάσθω·
ἥδε γὰρ ὀτρυντὺς κακὸν ἔσσεται, ὅς κε λίπηται   235
νηυσὶν ἐπ' Ἀργείων· ἀλλ' ἀθρόοι ὁρμηθέντες,
Τρωσὶν ἐφ' ἱπποδάμοισιν ἐγείρομεν ὀξὺν Ἄρηα. »

Ἦ, καὶ Νέστορος υἷας ὀπάσσατο κυδαλίμοιο,
Φυλείδην τε Μέγητα Θόαντά τε Μηριόνην τε,
καὶ Κρειοντιάδην Λυκομήδεα καὶ Μελάνιππον·   240
βὰν δ' ἴμεν ἐς κλισίην Ἀγαμέμνονος Ἀτρεΐδαο.
Αὐτίκ' ἔπειθ' ἅμα μῦθος ἔην, τετέλεστο δὲ ἔργον·
ἑπτὰ μὲν ἐκ κλισίης τρίποδας φέρον, οὕς οἱ ὑπέστη,

guerriers; quand donc pourrions-nous respirer? Il nous faut en-
sevelir ceux qui succombent, et, conservant la fermeté de notre
âme, ne les pleurer qu'un jour. Quant à ceux qui ont survécu à cette
guerre désastreuse, il faut qu'ils songent à chasser la faim et la soif,
afin que, revêtus de l'airain infatigable, nous puissions avec plus de
constance combattre sans relâche nos ennemis. Que nul parmi vous
n'attende un autre ordre; ce serait la perte de celui qui resterait
près des vaisseaux. Élançons-nous donc en rangs serrés, et rani-
mons l'ardeur du combat contre les Troyens dompteurs de coursiers. »

Il dit, et prend pour compagnons les fils de l'illustre Nestor, Mégès
fils de Phylée, Thoas, Mérion, Lycomède fils de Créon, et Mélanippe.
Tous ces guerriers se rendent sous la tente d'Agamemnon, fils d'A-
trée. Prompts à obéir aux ordres du héros, ils en apportent les sept

καὶ ἐπήτριμοι	et serrés
πίπτουσι πάντα ἤματα·	tombent tous les jours;
πότε τις	quand quelqu'un
ἀναπνεύσειέ κε πόνοιο;	respirerait-t-il de sa fatigue?
ἀλλὰ χρὴ μὲν καταθάπτειν	Mais il faut nous ensevelir
τὸν ὅς κε θάνῃσιν,	celui qui sera mort,
ἔχοντας θυμὸν νηλέα,	ayant un cœur ferme,
δακρύσαντας ἐπ' ἤματι·	ayant pleuré pendant un *seul* jour;
ὅσσοι δὲ ἂν περιλίπωνται	et il *faut* tous-ceux-qui auront sur-
πολέμοιο στυγεροῖο,	au combat funeste, [vécu
μεμνῆσθαι πόσιος καὶ ἐδητύος,	se souvenir du boire et du manger,
ὄφρα μαχώμεθα	afin que nous combattions
ἔτι μᾶλλον αἰεὶ νωλεμὲς	encore davantage toujours sans-cesse
ἀνδράσι δυσμενέεσσιν,	avec des hommes ennemis,
ἐσσάμενοι χροΐ	ayant revêtu sur *notre* corps
χαλκὸν ἀτειρέα.	l'airain infatigable (dur).
Μηδέ τις λαῶν	Et que quelqu'un des peuples
ἰσχαναάσθω	ne s'arrête pas
ποτιδέγμενος ἄλλην ὀτρυντύν·	ayant attendu une autre exhortation;
ἥδε γὰρ ὀτρυντὺς	car cette exhortation
ἔσσεται κακὸν	sera un mal
ὅς κε λίπηται	*pour celui qui* sera resté
ἐπὶ νηυσὶν Ἀργείων·	auprès des vaisseaux des Argiens;
ἀλλὰ ὁρμηθέντες ἀθρόοι,	mais nous étant élancés serrés,
ἐγείρομεν ὀξὺν Ἄρηα	réveillons le terrible Mars
ἐπὶ Τρώεσσιν	contre les Troyens
ἱπποδάμοισιν. »	dompteurs-de-chevaux. »
Ἦ, καὶ ὀπάσσατο	Il dit, et prit-pour-compagnons
υἷας Νέστορος κυδαλίμοιο,	les fils de Nestor illustre,
Μέγητά τε Φυλείδην	et Mégès fils-de-Phylée
Θόαντά τε Μηριόνην τε,	et Thoas et Mérion,
καὶ Λυκομήδεα Κρειοντιάδην	et Lycomède fils-de-Créon
καὶ Μελάνιππον·	et Mélanippe;
βὰν δὲ ἴμεν	et ils marchèrent pour aller
ἐς κλισίην	vers la tente
Ἀγαμέμνονος Ἀτρείδαο.	d'Agamemnon fils-d'Atrée.
Αὐτίκα ἔπειτα	Aussitôt ensuite
μῦθος ἔην ἅμα,	la parole était en-même-temps,
ἔργον δὲ τετέλεστο·	et la chose était exécutée:
φέρον μὲν ἐκ κλισίης	ils apportaient à la vérité de la tente

αἴθωνας δὲ λέβητας ἐείκοσι, δώδεκα δ' ἵππους·

ἐκ δ' ἄγον αἶψα γυναῖκας, ἀμύμονα ἔργ' εἰδυίας,

ἑπτ', ἀτὰρ ὀγδοάτην, Βρισηΐδα καλλιπάρῃον.

Χρυσοῦ δὲ στήσας Ὀδυσεὺς δέκα πάντα τάλαντα,

ἦρχ', ἅμα δ' ἄλλοι δῶρα φέρον κούρητες Ἀχαιῶν.

Καὶ τὰ μὲν ἐν μέσσῃ ἀγορῇ θέσαν· ἂν δ' Ἀγαμέμνων

ἵστατο· Ταλθύβιος δὲ, θεῷ ἐναλίγκιος αὐδὴν,

κάπρον ἔχων ἐν χερσὶ, παρίστατο ποιμένι λαῶν.

Ἀτρείδης δὲ, ἐρυσσάμενος χείρεσσι μάχαιραν,

ἥ οἱ πὰρ ξίφεος μέγα κουλεὸν αἰὲν ἄωρτο,

κάπρου ἀπὸ τρίχας ἀρξάμενος, Διὶ χεῖρας ἀνασχὼν,

εὔχετο· τοὶ δ' ἄρα πάντες ἐπ' αὐτόφιν εἵατο σιγῇ

Ἀργεῖοι, κατὰ μοῖραν, ἀκούοντες βασιλῆος.

Εὐξάμενος δ' ἄρα εἶπεν, ἰδὼν εἰς οὐρανὸν εὐρύν·

215

250

255

trépieds qui avaient été promis, et vingt bassins resplendissants; ils amènent douze chevaux; ils conduisent aussi sept captives d'une habileté remarquable; la huitième est la belle Briséis. Ulysse, à leur tête, porte les dix talents d'or qu'il a pesés; les jeunes Grecs sont chargés des autres présents; ils les déposent au milieu de l'assemblée. Agamemnon se lève; et Talthybius, dont la voix est celle d'un dieu, tenant de ses mains le sanglier, se place auprès du pasteur des peuples. Le fils d'Atrée tire alors le couteau qu'il portait toujours suspendu auprès du long fourreau de son glaive, et commence le sacrifice en coupant les soies sur la tête du sanglier; puis élevant les mains, il implore Jupiter. Tous les Grecs écoutent dans un silence respectueux leur roi, qui, les yeux levés vers la voûte céleste, prononce cette prière :

ἑπτὰ τρίποδας,	sept trépieds, [lui (à Achille),
οὓς ὑπέστη οἱ,	lesquels *Agamemnon* avait promis à
ἠδὲ εἴκοσι δὲ λέβητας αἴθωνας,	et vingt bassins brillants,
δώδεκα δὲ ἵππους·	et douze chevaux ;
ἔξαγον δὲ αἶψα	et ils firent-sortir aussitôt
ἑπτὰ γυναῖκας,	sept femmes,
ἀμύμονα ἔργα ἀμύμονα,	connaissant des ouvrages irrépro-
ἐπὶ ὀγδοάτην,	et la huitième, [chables,
Βρισηΐδα καλλιπάρῃον.	Briséis aux-belles-joues.
Ὀδυσσεὺς δὲ στήσας	Or Ulysse ayant pesé
δέκα τάλαντα χρυσοῦ πάντα,	dix talents d'or tous (en tout),
ἦρχεν,	marchait-devant, *et les portait*,
ἅμα δὲ	et en-même-temps
ἄλλοι κούρητες Ἀχαιῶν	les autres jeunes-gens des Achéens
φέρον δῶρα.	portaient les *autres* présents.
Καὶ θέσαν τὰ μὲν	Et ils déposèrent ceux-ci à la vérité
ἐν μέσῃ ἀγορῇ·	dans le milieu-de l'assemblée ;
Ἀγαμέμνων δὲ ἀνίστατο·	et Agamemnon se leva ;
Ταλθύβιος δὲ,	et Talthybius,
ἐναλίγκιος θεῷ αὐδήν,	semblable à un dieu par la voix,
ἔχων κάπρον ἐν χερσὶ,	tenant un sanglier dans *ses* mains,
παρίστατο	se tenait-auprès
ποιμένι λαῶν.	du pasteur des peuples.
Ἀτρεΐδης δὲ,	Or le fils-d'Atrée,
ἐρυσσάμενος χείρεσσι μάχαιραν,	ayant tiré de *ses* mains le couteau,
ἥ ἄωρτο αἰέν οἱ	qui était suspendu toujours à lui
πὰρ κουλεὸν μέγα	auprès du fourreau grand
ξίφεος,	de *son* glaive,
ἀπαρξάμενος	ayant commencé *le sacrifice*
τρίχας	*en coupant* les poils-de-la-tête
κάπρου,	du sanglier,
εὔχετο, ἀνασχὼν χεῖρα·	priait, ayant levé les mains
Διΐ·	à (vers) Jupiter ;
τοὶ δὲ ἄρα πάντες Ἀργεῖοι	et donc tous les Argiens
εἵατο σιγῇ ἐπὶ αὐτόφιν,	étaient assis en silence là,
ἀκούοντες βασιλῆος,	écoutant *leur* roi,
κατὰ μοῖραν.	selon la convenance.
τὴν δὲ ἄρα	Or donc *celui-ci* ayant regardé
εἰς οὐρανὸν εὐρὺν,	vers le ciel vaste,
εἶπεν εὐξάμενος·	dit ayant prié (en priant) :

2.

« Ἴστω νῦν Ζεὺς πρῶτα, θεῶν ὕπατος καὶ ἄριστος,
Γῆ τε καὶ Ἥλιος καὶ Ἐριννύες, αἵθ' ὑπὸ γαῖαν
ἀνθρώπους τίνυνται, ὅτις κ' ἐπίορκον ὀμόσσῃ·   240
μὴ μὲν ἐγὼ κούρῃ Βρισηΐδι χεῖρ' ἐπενεῖκαι,
οὔτ' εὐνῆς πρόφασιν κεχρημένος, οὔτε τευ ἄλλου·
ἀλλ' ἔμεν' ἀπροτίμαστος ἐνὶ κλισίῃσιν ἐμῇσιν.
Εἰ δέ τι τῶνδ' ἐπίορκον, ἐμοὶ θεοὶ ἄλγεα δοῖεν
πολλὰ μάλ', ὅσσα διδοῦσιν, ὅτις σφ' ἀλίτηται ὀμόσσας. »   245

Ἦ, καὶ ἀπὸ στόμαχον κάπρου τάμε νηλέϊ χαλκῷ·
τὸν μὲν Ταλθύβιος πολιῆς ἁλὸς ἐς μέγα λαῖτμα
ῥῖψ' ἐπιδινήσας, βόσιν ἰχθύσιν[1]. Αὐτὰρ Ἀχιλλεὺς
ἀνστὰς Ἀργείοισι φιλοπτολέμοισι μετηύδα·

« Ζεῦ πάτερ, ἦ μεγάλας ἄτας ἄνδρεσσι δίδοισθα.   250
Οὐκ ἂν δήποτε θυμὸν ἐνὶ στήθεσσιν ἐμοῖσιν
Ἀτρείδης ὤρινε διαμπερές, οὐδέ κε κούρην

« J'atteste d'abord Jupiter, le plus grand et le plus puissant des
dieux, j'atteste la Terre et le Soleil, et les Furies, qui sous la terre
punissent les parjures, que jamais je n'ai porté la main sur la jeune
Briséis, ni pour partager sa couche ni autrement; elle est toujours
restée pure sous mes tentes. Si j'ai fait un faux serment, que les
dieux m'accablent de tous les maux dont ils punissent le parjure.

Il dit, et plonge l'airain tranchant dans le cou du sanglier. Talthybius lance la victime dans le vaste gouffre de la mer blanchissante,
pour qu'elle serve de pâture aux poissons. Alors Achille, debout au
milieu des belliqueux Argiens, s'écrie :

« Souverain Jupiter, tu accables les hommes de bien tristes infor-
tunes ! Jamais le fils d'Atrée n'aurait excité la colère au fond de mon

« Νῦν πρῶτα Ζεύς,
ὕπατος καὶ ἄριστος θεῶν,
ἴστω,
Γῆ τε καὶ Ἥλιος
καὶ Ἐρινύες, αἵτε ὑπὸ γαῖαν
τίνυνται ἀνθρώπους,
ὅτις κεν ὀμόσσῃ
ἐπίορκον·
ἐγὼ μὲν
μὴ ἐπενεῖκαι χεῖρα
κούρῃ Βρισηΐδι,
κιχρημένος
οὔτε πρόφασιν εὐνῆς,
οὔτε τευ ἄλλου·
ἀλλὰ ἔμενεν ἀπροτίμαστος
ἐνὶ ἐμῇσι κλισίῃσιν.
Εἰ δέ τι τῶνδε
ἐπίορκον,
καὶ δοῖεν ἐμοὶ
ἄλγεα μάλα πολλά,
ὅσσα διδοῦσιν,
ὅτις ἀλίτηταί σφε
ὀμόσσας. »
Ἦ,
καὶ ἀπὸταμε χαλκῷ νηλέι
στόμαχον κάπρου·
Ταλθύβιος μὲν ῥῖψε τὸν,
βόσιν ἰχθύσιν,
ἐπιδινήσας,
ἐς λαῖτμα μέγα
ἁλὸς πολιῆς.
Αὐτὰρ Ἀχιλλεὺς ἀνστὰς
μετηύδα Ἀργείοισι
φιλοπτολέμοισι·
« Ζεῦ πάτερ,
ἦ διδοῖσθα ἀνδρέσσιν
ἄτας μεγάλας.
Ἀτρείδης
οὐκ ἂν δήποτε ὤρινε διαμπερὲς
θυμὸν ἐνὶ ἐμοῖσι στήθεσσιν,

« Que maintenant d'abord Jupiter,
le plus grand et le meilleur des dieux,
le sache (soit témoin de mon ser-
ainsi-que la Terre et le Soleil (ment),
et les Furies, qui sous terre
punissent les hommes,
quelque-soit celui-qui ait juré
un *serment* parjure :
je jure moi à la vérité
n'avoir pas porté la main
sur la jeune Briséis,
ne m'étant servi *d'elle*
ni *sous* prétexte de (pour) la couche,
ni *pour* quelque autre chose ;
mais elle est restée intacte
dans mes tentes.
Or si quelqu'une de ces choses
est parjure (fausse),
que les dieux donnent à moi
des maux très nombreux,
aussi nombreux qu'ils *les* donnent
à celui qui aura péché contre eux
ayant juré. »
Il dit,
et il coupa avec l'airain cruel
le cou du sanglier ;
Talthybius à la vérité jeta celui-ci,
nourriture pour les poissons,
l'ayant fait-tournoyer,
dans le gouffre grand
de la mer blanchissante.
Alors Achille s'étant levé
dit-au-milieu des Argiens
belliqueux :
« Jupiter père (souverain),
certes tu donnes aux hommes
des calamités grandes.
Le fils-d'Atrée
n'aurait jamais excité complétement
mon cœur dans ma poitrine,

ἦγεν, ἐμεῦ ἀέκοντος, ἀμήχανος· ἀλλά ποθι Ζεὺς
ἤθελ' Ἀχαιοῖσιν θάνατον πολέεσσι γενέσθαι.
Νῦν δ' ἔρχεσθ' ἐπὶ δεῖπνον, ἵνα ξυνάγωμεν Ἄρηα. »   275

    Ὣς ἄρ' ἐφώνησεν· λῦσεν δ' ἀγορὴν αἰψηρήν.
Οἱ μὲν ἄρ' ἐσκίδναντο ἑὴν ἐπὶ νῆα ἕκαστος.
Δῶρα δὲ Μυρμιδόνες μεγαλήτορες ἀμφεπένοντο,
βὰν δ' ἐπὶ νῆα φέροντες Ἀχιλλῆος θείοιο·
καὶ τὰ μὲν ἐν κλισίῃσι θέσαν, κάθισαν δὲ γυναῖκας·   280
ἵππους δ' εἰς ἀγέλην ἔλασαν θεράποντες ἀγαυοί.

    Βρισηὶς δ' ἄρ' ἔπειτ', ἰκέλη χρυσῇ Ἀφροδίτῃ,
ὡς ἴδε Πάτροκλον δεδαϊγμένον ὀξέϊ χαλκῷ,
ἀμφ' αὐτῷ χυμένη, λίγ' ἐκώκυε, χερσὶ δ' ἄμυσσε
στήθεά τ' ἠδ' ἁπαλὴν δειρὴν ἰδὲ καλὰ πρόσωπα·   285
εἶπε δ' ἄρα κλαίουσα γυνὴ εἰκυῖα θεῇσι·

    « Πάτροκλέ, μοι δειλῇ πλεῖστον κεχαρισμένε θυμῷ,
ζωὸν μέν σε ἔλειπον ἐγώ, κλισίηθεν ἰοῦσα·

âme ; jamais, même dans son irrésistible ardeur, il n'aurait, malgré moi, ravi la jeune Briséis, si Jupiter n'avait point voulu livrer à la mort une foule d'Achéens. Maintenant, allez prendre le repas ; puis, nous recommencerons le combat. »

A ces mots, Achille lève la séance. Les guerriers se dispersent, et rejoignent chacun leur navire. Les magnanimes Myrmidons enlèvent les présents et vont les porter sur le vaisseau du divin Achille, ils les déposent dans les tentes et font asseoir les captives. D'illustres serviteurs conduisent les coursiers vers les autres troupeaux.

Lorsque Briséis, semblable à la blonde Vénus, voit le corps de Patrocle déchiré par l'airain cruel, elle l'entoure de ses bras en poussant d'horribles sanglots, et de ses mains elle déchire sa poitrine, son cou tendre et délicat et son noble visage ; belle comme une déesse, elle s'écrie en versant des larmes :

« Patrocle, ami malheureux d'une infortunée, je te laissai plein de vie lorsque je quittai cette tente, et maintenant, ô noble chef des peuples, je ne retrouve à mon retour que des restes inanimés. Ah !

οὐδέ κεν ἦγε κούρην,   et il n'aurait pas emmené la jeune-
ἀμήχανος,   étant intraitable,   [fille,
ἐμεῦ δέχοντος·   moi ne-voulant-pas (malgré moi);
ἀλλά ποθι Ζεὺς   mais sans-doute Jupiter
ἤθελε θάνατον γενέσθαι   a voulu la mort arriver
Ἀχαιοῖσι πολέεσσι.   à des Achéens nombreux.
Νῦν δὲ ἔρχεσθε ἐπὶ δεῖπνον,   Or maintenant allez vers le repas,
ἵνα ξυνάγωμεν Ἄρηα. »   afin que nous engagions le combat. »
  Ἐφώνησεν ἄρα ὥς·   Il parla donc ainsi;   [sitôt).
λῦσε δὲ ἀγορὴν αἰψηρήν.   et il rompit l'assemblée rapide (aus-
Οἱ μὲν ἄρα ἐσκίδναντο   Ceux-ci donc se dispersaient
ἕκαστος ἐπὶ ἑὴν νῆα.   chacun vers son vaisseau.
Μυρμιδόνες δὲ μεγαλήτορες   Or les Myrmidons magnanimes
ἀμφεπένοντο δῶρα,   étaient occupés-autour des dons,
βὰν δὲ φέροντες   et ils allèrent les portant
ἐπὶ νῆα Ἀχιλλῆος θείοιο·   vers le vaisseau d'Achille divin;
καὶ θέσαν τὰ μὲν   et ils placèrent ceux-ci à la vérité
ἐν κλισίῃσι,   dans les tentes,
εἷσαν δὲ γυναῖκας·   et ils firent-asseoir les femmes;
θεράποντες δὲ ἀγαυοὶ   et les serviteurs illustres
ἔλασαν ἵππους   poussèrent les chevaux
ἐς ἀγέλην.   vers le troupeau.
  Ἔπειτα δὲ ἄρα Βρισηΐς,   Or donc ensuite Briséis,
ἰκέλη Ἀφροδίτῃ χρυσέῃ,   semblable à Vénus d'-or (blonde),
ὡς ἴδε Πάτροκλον   dès qu'elle eut vu Patrocle
δεδαϊγμένον χαλκῷ ὀξέι,   percé par l'airain aigu,   [lui,
ἀμφιχυμένη αὐτῷ,   s'étant répandue-autour de (jetée sur)
κώκυε λίγα,   sanglotait bruyamment,
ἄμυσσε δὲ χερσὶ   et déchirait de ses mains
στήθεά τε ἠδὲ δειρὴν ἁπαλὴν   et sa poitrine et son cou tendre
ἰδὲ πρόσωπα καλά·   et son visage beau;
εἶπε δὲ ἄρα κλαίουσα,   et elle dit donc en pleurant,
γυνὴ εἰκυῖα θεῇσι·   femme ressemblant aux déesses :
  « Πάτροκλε,   « Patrocle;
πλεῖστον κεχαρισμένε   très-agréable (cher)
θυμῷ μοι δειλῇ,   au cœur à moi malheureuse,
ἐγώ, ἰοῦσα κλισίηθεν,   moi, partant de-la-tente,
λεῖπόν σε ζωὸν μέν·   je laissais toi vivant à la vérité;
νῦν δὲ,   mais maintenant,
ἀνιοῦσα ἄψ,   étant revenue en arrière,

νῦν δέ σε τεθνηῶτα κιχάνομαι, ὄρχαμε λαῶν,
ἂψ ἀνιοῦσ᾿· ὥς μοι δέχεται κακὸν ἐκ κακοῦ αἰεί!   230
Ἄνδρα μὲν, ᾧ ἔδοσάν με πατὴρ καὶ πότνια μήτηρ,
εἶδον πρὸ πτόλιος δεδαϊγμένον ὀξέϊ χαλκῷ·
τρεῖς τε κασιγνήτους, τούς μοι μία γείνατο μήτηρ,
κηδείους, οἳ πάντες ὀλέθριον ἦμαρ ἐπέσπον.
Οὐδὲ μὲν οὐδέ μ᾿ ἔασκες, ὅτ᾿ ἄνδρ᾿ ἐμὸν ὠκὺς Ἀχιλλεὺς   295
ἔκτεινεν, πέρσεν δὲ πόλιν θείοιο Μύνητος,
κλαίειν, ἀλλά μ᾿ ἔφασκες Ἀχιλλῆος θείοιο
κουριδίην ἄλοχον θήσειν, ἄξειν τ᾿ ἐνὶ νηυσὶν
ἐς Φθίην, δαίσειν δὲ γάμον μετὰ Μυρμιδόνεσσι.
Τῶ σ᾿ ἄμοτον κλαίω τεθνηότα, μείλιχον αἰεί. »   300

᾿Ως ἔφατο κλαίουσ᾿· ἐπὶ δὲ στενάχοντο γυναῖκες,
Πάτροκλον πρόφασιν, σφῶν δ᾿ αὐτῶν κήδε᾿ ἑκάστη.
Αὐτὸν δ᾿ ἀμφὶ γέροντες Ἀχαιῶν ἠγερέθοντο,
λισσόμενοι δειπνῆσαι· ὁ δ᾿ ἠρνεῖτο στεναχίζων·

« Λίσσομαι, εἴ τις ἔμοιγε φίλων ἐπιπείθεθ᾿ ἑταίρων,   305

pour moi le malheur suit toujours le malheur : l'époux que m'avaient
donné mon père et ma vénérable mère, je l'ai vu devant notre ville
percé de l'airain cruel. J'ai vu ravir le jour à trois frères chéris, nés
de la même mère que moi. Tu ne voulais point laisser couler mes
larmes, lorsque l'impétueux Achille immola mon époux et ravagea
la ville du divin Mynès; tu me disais que je deviendrais l'épouse
légitime du divin Achille, qu'il me conduirait à Phthie sur ses navires, et qu'il préparerait un splendide festin au milieu des Myrmidons. Aujourd'hui ta mort est pour moi un sujet de douleurs éter-
nelles, noble héros qui fus toujours plein de douceur. »

Ainsi parle Briséis, tout inondée de larmes; les autres captives
semblent gémir aussi sur Patrocle, mais chacune déplore son propre
malheur. Les plus illustres des Achéens entourent Achille et le sup-
plient de prendre quelque nourriture; le héros s'y refuse en sou-
pirant :

« Je vous en conjure, vous mes fidèles compagnons, cédez à mes

μχάνομαί σι τεθνιῶτα,
ἀρχαμε λαῶν·
ὡς κακὸν αἰεὶ
δέχεταί μοι ἐκ κακοῦ!
Εἶδον μὲν πρὸ πτόλιος
ἀνδρα, ᾧ με ἔδοσαν
κατὴρ καὶ μήτηρ πότνια,
δεδαϊγμένον χαλκῷ ὀξεῖ,
τρεῖς τε κασιγνήτους κηδείους,
τοὺς μία μήτηρ
γείνατό μοι,
οἱ ἐπέσπον πάντες
ἦμαρ ὀλέθριον.
Οὐδὲ μὲν ἔασκες· οὐδέ
με κλαίειν,
ὅτε Ἀχιλλεὺς ὠκὺς
ἔκτεινεν ἐμὸν ἄνδρα,
πέρσε δὲ πόλιν Μύνητος θείοιο,
ἀλλὰ ἔφασκες θήσειν με
ἄλοχον κουριδίην
Ἀχιλλῆος θείοιο,
ἄξειν τε ἐς Φθίην
ἐπὶ νηυσὶ,
δαίσειν δὲ γάμον
μετὰ Μυρμιδόνεσσι.
Τῷ κλαίω ἀμοτόν
σε τεθνηότα, αἰεὶ μείλιχον. »
    Ἔρατο ὣς κλαίουσα·
γυναῖκες δὲ
ἐπιστενάχοντο Πάτροκλον
πρόφασιν,
διάστη δὲ
κήδεα σφῶν αὐτῶν.
Γέροντες δὲ Ἀχαιῶν
ἠγερέθοντο
ἀμφὶ αὐτὸν,
λισσόμενοι δειπνῆσαι·
ὁ δὲ ἀρνεῖτο στεναχίζων·
 « Λίσσομαι,
εἴ τις ἑταίρων φίλων

Je trouve toi étant mort,
chef des peuples;
comme un malheur toujours
succède pour moi à un malheur!
J'ai vu à la vérité devant la ville
l'homme, auquel me donnèrent
mon père et ma mère vénérable,
percé par l'airain aigu,
et les trois frères chéris,
lesquels une-même mère
enfanta à moi,
qui atteignirent tous
le jour fatal.   [dant
Tu ne permettais nullement cepen-
moi pleurer,
lorsque Achille rapide
tua mon époux,
et ravagea la ville de Mynès divin,
mais tu disais devoir rendre moi
épouse légitime
d'Achille divin,
et devoir me conduire dans Phthie
sur les vaisseaux,
et devoir préparer un repas-de-noces
au-milieu des Myrmidons.
Pour cela je pleure sans-cesse
toi étant mort, toi toujours doux. »
    Elle dit ainsi pleurant;
et les femmes
gémissaient-sur Patrocle
en apparence,   [chacune
mais réellement elles gémissaient
sur les malheurs d'elles-mêmes.
Or les vieillards des Achéens
étaient rassemblés
autour de lui (d'Achille),
le suppliant de manger;
mais celui-ci refusait en gémissant :
    « Je vous supplie,
si quelqu'un des compagnons chéris

μή με πρὶν σίτοιο κελεύετε μηδὲ ποτῆτος
ἄσασθαι φίλον ἦτορ, ἐπεί μ' ἄχος αἰνὸν ἱκάνει·
δύντα δ' ἐς ἠέλιον μενέω, καὶ τλήσομαι ἔμπης. »

Ὣς εἰπὼν, ἄλλους μὲν ἀπεσκέδασεν βασιλῆας·
δοιὼ δ' Ἀτρεΐδα μενέτην καὶ δῖος Ὀδυσσεύς,   310
Νέστωρ Ἰδομενεύς τε, γέρων θ' ἱππηλάτα Φοῖνιξ,
τέρποντες πυκινῶς ἀκαχήμενον· οὐδέ τι θυμῷ
τέρπετο, πρὶν πολέμου στόμα δύμεναι αἱματόεντος.
Μνησάμενος δ' ἀδινῶς ἀνενείκατο, φώνησέν τε [1]·

« Ἦ ῥά νύ μοί ποτε καὶ σὺ, δυσάμμορε, φίλταθ' ἑταίρων, 315
αὐτὸς ἐνὶ κλισίῃ λαρὸν παρὰ δεῖπνον ἔθηκας
αἶψα καὶ ὀτραλέως, ὁπότε σπερχοίατ' Ἀχαιοὶ
Τρωσὶν ἐφ' ἱπποδάμοισι φέρειν πολύδακρυν Ἄρηα.
Νῦν δὲ σὺ μὲν κεῖσαι δεδαϊγμένος· αὐτὰρ ἐμὸν κῆρ
ἄκμηνον πόσιος καὶ ἐδητύος, ἔνδον ἐόντων,   320

prières; ne m'ordonnez point d'apaiser ma faim et ma soif; car je suis en proie à la plus vive douleur; j'attendrai jusqu'au coucher du soleil, je puis supporter ce retard. »

Après avoir ainsi parlé, il renvoie les autres chefs; mais auprès de lui restent les deux Atrides, le divin Ulysse, Nestor et Idoménée, et le vieux Phénix habile à diriger des coursiers; ils s'efforcent de calmer sa profonde douleur; mais rien ne peut consoler l'âme d'Achille, avant qu'il ait lui-même pénétré au milieu de la sanglante mêlée. Accablé du poids de ses souvenirs, il soupire et s'écrie:

« Infortuné! C'était toi-même, ô le plus cher de mes compagnons, qui naguère, dans ma tente, préparais avec zèle et promptitude un repas fortifiant, lorsque les Achéens se hâtaient de porter une guerre déplorable aux Troyens habiles à dompter les coursiers. Maintenant tu es gisant, percé par l'airain; et mon cœur se refuse à prendre le breuvage et la nourriture qui se trouvent dans ma tente, tant est vif

ἐπιτίθετο ἐμοίγε,

μὴ κελεύετέ με

ἄσασθαι φίλον ἦτορ πρὶν

σίτοιο μηδὲ ποτῆτος,

ἐπεὶ ἄχος αἰνὸν

ἱκάνει με·

μενέω δὲ

ἐς ἥλιον δύντα,

καὶ τλήσομαι ἔμπης. »

Εἰπὼν ὣς, ἀπεσκέδασεν

ἄλλους βασιλῆας μέν·

ἀπὸ δὲ Ἀτρείδα μενέτην

καὶ Ὀδυσσεὺς δῖος,

Νέστωρ Ἰδομενεύς τε,

γέρων τε Φοῖνιξ

ἱππηλάτα,

τέρποντες

ἀχνύμενον πυκινῶς·

ἀλλά τι τέρπετο

θυμῷ,

πρὶν δύμεναι στόμα

πολέμου αἱματόεντος.

Μνησάμενος δὲ

ἀνενείκατο ἀδινῶς, φώνησέ τε·

« Ἦ ῥά νυ σὺ αὐτὸς καί,

δυσάμμορε,

φίλτατ' ἑταίρων,

παρέθηκας ποτε

δεῖπνον λαρὸν ἐνὶ κλισίῃ

αἶψα καὶ ὀτραλέως,

ὁππότε Ἀχαιοὶ σπερχοίατο

φέρειν Ἄρηα πολύδακρυν

ἐπὶ Τρωσὶν

ἱπποδάμοισι.

Νῦν δὲ σὺ μὲν

κεῖσαι δεδαϊγμένος·

αὐτὰρ ἐμὸν κῆρ ἄκμηνον

πόσιος καὶ ἐδητύος,

ἐόντων

ἔνδον,

---

obéit à moi,

n'ordonnez pas moi

rassasier mon cœur auparavant

de nourriture ni de boisson,

puisqu'une douleur terrible

est venue à moi;

or j'attendrai

jusqu'au soleil couchant, [faim.»

et je supporterai entièrement *la*

Ayant dit ainsi, il renvoya

les autres rois à la vérité;

mais les deux Atrides restaient

et Ulysse divin,

Nestor et Idoménée,

et le vieux Phénix

conducteur-de-chevaux,

égayant *lui*

qui-était-affligé profondément;

et il n'était nullement égayé

dans *son* cœur,

avant de pénétrer dans la gueule

de la guerre ensanglantée.

Or s'étant rappelé

il soupira fortement, et s'écria:

« Oui certes toi-même aussi,

ô malheureux,

le plus cher des compagnons,

tu as placé (servi) autrefois

un repas agréable dans *notre* tente

promptement et avec-zèle,

lorsque les Achéens se hâtaient

de porter la guerre déplorable

contre les Troyens

dompteurs-de-chevaux.

Et maintenant toi à la vérité

tu es-gisant ayant été percé;

mais mon cœur *est* à-jeun

du boire et du manger,

quoique étant (quoique j'en aie)

en-dedans (dans ma tente),

σῇ ποθῇ. Οὐ μὲν γάρ τι κακώτερον ἄλλο πάθοιμι·
οὐδ' εἴ κεν τοῦ πατρὸς ἀποφθιμένοιο πυθοίμην,
ὅς που νῦν Φθίηφι τέρεν κατὰ δάκρυον εἴβει
χήτεϊ τοιοῦδ' υἷος· ὁ δ' ἀλλοδαπῷ ἐνὶ δήμῳ
εἵνεκα ῥιγεδανῆς Ἑλένης Τρωσὶν πολεμίζω·   325
ἠὲ τὸν ὃς Σκύρῳ μοι ἔνι τρέφεται φίλος υἱός,
εἴ που ἔτι ζώει γε Νεοπτόλεμος θεοειδής.
Πρὶν μὲν γάρ μοι θυμὸς ἐνὶ στήθεσσιν ἐώλπει
οἶον ἐμὲ φθίσεσθαι ἀπ' Ἄργεος ἱπποβότοιο
αὐτοῦ ἐνὶ Τροίη, σὲ δέ τε Φθίηνδε νέεσθαι,   330
ὡς ἄν μοι τὸν παῖδα θοῇ ἐνὶ νηΐ μελαίνῃ
Σκυρόθεν ἐξαγάγοις, καί οἱ δείξειας ἕκαστα,
κτῆσιν ἐμὴν δμῶάς τε καὶ ὑψερεφὲς μέγα δῶμα.
Ἤδη γὰρ Πηλῆά γ' ὀΐομαι ἢ κατὰ πάμπαν
τεθνάμεν, ἤ που τυτθὸν ἔτι ζώοντ' ἀκάχησθαι   335
γήραΐ τε στυγερῷ, καὶ ἐμὴν ποτιδέγμενον αἰεὶ
λυγρὴν ἀγγελίην, ὅτ' ἀποφθιμένοιο πύθηται. »

le regret que me cause ta mort. Non, je ne saurais éprouver une douleur plus cruelle, pas même si j'apprenais la mort de mon père, qui peut-être maintenant dans Phthie verse des larmes abondantes et gémit de ce que, sur une terre étrangère, son fils combat les Troyens à cause de l'odieuse Hélène ; pas même si j'apprenais la mort de mon fils chéri qu'on élève à Scyros, si toutefois Néoptolème aux formes divines respire encore. J'avais toujours espéré dans mon cœur que seul je périrais sous les remparts de Troie loin d'Argos fertile en coursiers, que toi, Patrocle, tu retournerais à Phthie, que tu ramènerais mon fils de Scyros sur un vaisseau rapide, que tu lui montrerais tout, mes biens, mes esclaves, et ma riche et superbe demeure. Je pense que Pélée n'est plus, ou que, s'il est encore vivant, il mène une pénible existence, accablé par la triste vieillesse, et attend sans cesse le messager funeste qui doit lui annoncer ma mort. »

σῇ ποθῇ.	par ton regret (le regret que j'éprou-
Οὐ γὰρ πάθοιμι μέν	Car je ne souffrirais pas [ve de toi).
τι ἄλλο κακώτερον·	quelqu'autre chose plus mauvaise ;
οὐδὲ εἰ κε πυθοίμην	pas-même si j'apprenais
τοῦ πατρὸς ἀποφθιμένοιο,	mon père ayant péri ,
ὅς που νῦν Φθίηφι	lequel peut-être maintenant à-Phthie
κατείβει δάκρυον τέρεν	verse des larmes tendres [fils ;
χήτεϊ τοιοῦδε υἱος·	par la douleur de la perte d'un tel
ὃ δὲ	et celui-ci (moi-même)
πολεμίζω Τρωσὶν	je combats les Troyens
ἐπὶ δήμῳ ἀλλοδαπῷ	chez un peuple étranger
εἵνεκα Ἑλένης ῥιγεδανῆς·	à cause d'Hélène horrible (odieuse) ;
ἠὲ τὸν	ou si j'apprenais avoir péri celui
ὃς υἱὸς φίλος·	qui fils chéri
τρέφεταί μοι ἐνὶ Σκύρῳ,	est nourri à moi dans Scyros,
εἰ πού γε	si toutefois du moins
Νεοπτόλεμος θεοειδὴς	Néoptolème à-la-forme-divine
ζώει ἔτι.	vit encore.
Πρὶν γὰρ μὲν	Car auparavant à la vérité
θυμός μοι ἐνὶ στήθεσσιν	le cœur à moi dans ma poitrine
ἐώλπει ἐμὲ φθίσεσθαι οἶον	espérait moi devoir périr seul
ἀπὸ Ἄργεος ἱπποβότοιο	loin d'Argos qui-nourrit-des-chevaux
αὐτοῦ ἐνὶ Τροίῃ,	ici-même dans Troie,
σὲ δέ τε νέεσθαι Φθίηνδε,	mais toi devoir retourner à-Phthie,
ὡς ἂν ἐξαγάγοις Σκυρόθεν	afin que tu amenasses de-Scyros
τὸν παῖδά μοι	le fils à moi (mon fils)
ἐπὶ νηΐ μελαίνῃ θοῇ,	sur un vaisseau noir rapide,
καὶ δείξειας οἱ	et que tu montrasses à lui
ἕκαστα,	chaque chose,
ἐμὴν κτῆσιν δμωάς τε	mon bien et mes esclaves
καὶ δῶμα μέγα ὑψερεφές.	et ma demeure grande au-toit-élevé.
Οἴομαι γὰρ Πηλῆά γε ἤδη	Car je pense Pélée du moins déjà
ἢ κατατεθνάμεν πάμπαν,	ou être mort entièrement,
ἢ που ζώοντα ἔτι τυτθὸν	ou peut-être vivant encore un peu
ἀχνύσθαι	être affligé
γήραΐ τε στυγερῷ,	et par une vieillesse pénible,
καὶ ποτιδέγμενον αἰεὶ	et attendant toujours [velle de moi),
ἐμὴν ἀγγελίην λυγρὴν,	ma nouvelle triste (une triste nou-
ὅτε πύθηται	lorsqu'il aura appris (apprendra)
ἀποφθιμένοιο. »	moi ayant péri. »

'Ὼς ἔφατο κλαίων· ἐπὶ δὲ στενάχοντο γέροντες,
μνησάμενοι τὰ ἕκαστος ἐνὶ μεγάροισιν ἔλειπον.
Μυρομένους δ' ἄρα τούσγε ἰδὼν ἐλέησε Κρονίων,   344
αἶψα δ' Ἀθηναίην ἔπεα πτερόεντα προσηύδα·

« Τέκνον ἐμὸν, δὴ πάμπαν ἀποίχεαι ἀνδρὸς ἑῆος.
Ἦ νύ τοι οὐκέτι πάγχυ μετὰ φρεσὶ μέμβλετ' Ἀχιλλεύς;
Κεῖνος ὅγε προπάροιθε νεῶν ὀρθοκραιράων
ἧσται, ὀδυρόμενος ἕταρον φίλον· οἱ δὲ δὴ ἄλλοι   345
οἴχονται μετὰ δεῖπνον, ὁ δ' ἄκμηνος καὶ ἄπαστος.
Ἀλλ' ἴθι, οἱ νέκταρ τε καὶ ἀμβροσίην ἐρατεινὴν
στάξον ἐνὶ στήθεσσ', ἵνα μή μιν λιμὸς ἵκηται¹. »

'Ὼς εἰπὼν, ὤτρυνε πάρος μεμαυῖαν Ἀθήνην·
ἡ δ', ἅρπῃ εἰκυῖα τανυπτέρυγι, λιγυφώνῳ,   350
οὐρανοῦ ἐκ κατέπαλτο δι' αἰθέρος. Αὐτὰρ Ἀχαιοὶ
αὐτίκα θωρήσσοντο κατὰ στρατόν· ἡ δ' Ἀχιλῆϊ
νέκταρ ἐνὶ στήθεσσι καὶ ἀμβροσίην ἐρατεινὴν

C'est ainsi qu'il parle en pleurant. Les principaux chefs des Grecs gémissent, au souvenir de ceux qu'ils ont laissés dans leurs demeures. Le fils de Saturne, à la vue de tant de larmes, est ému de pitié; il adresse aussitôt à Minerve ces paroles qui volent rapides:

« Ma fille, tu délaisses donc entièrement ce guerrier valeureux? Tu ne veux donc plus prendre aucun souci d'Achille? Assis devant ses navires recourbés, il pleure son compagnon chéri; les autres guerriers vont prendre le repas, tandis qu'Achille reste à jeun et sans nourriture. Va donc, verse dans sa poitrine le nectar et la divine ambroisie, pour qu'il ne sente pas la faim. »

Par ces mots il excite Minerve qui déjà était remplie d'ardeur. Semblable à l'aigle marin, aux larges ailes, à la voix retentissante, la déesse s'élance du ciel à travers l'espace. Tandis que les Achéens se couvrent en hâte de leurs armes, Minerve verse dans la poitrine du héros le nectar et la divine ambroisie, pour que la faim n'affaiblisse point

'Ερατο ὣς κλαίων·
γέροντες δὲ ἐπιστενάχοντο,
μνησάμενοι
τὰ ἔλειπον ἕκαστος
ἐπὶ μεγάροισι.
Κρονίων δὲ ἄρα
ἰδὼν τούσγε μυρομένους
ἐλέησεν,
αἶψα δὲ προσηύδα Ἀθηναίην
ἔπεα πτερόεντα·

« Ἐμὸν τέκνον,
ἀποίχεαι δὴ πάμπαν
ἀνδρὸς ἑῆος.
Ἦ νυ Ἀχιλλεὺς
οὐκέτι μέμβλεταί τοι πάγχυ
μετὰ φρεσί;
Κεῖνός ὅγε ἧσται
προπάροιθε νεῶν ὀρθοκραιράων,
ὑπόμενος ἕταρον φίλον·
οἱ δὲ ἄλλοι δὴ
οἴχονται μετὰ δεῖπνον,
ὁ δὲ ἄκμηνος καὶ ἄπαστος.
Ἀλλὰ ἴθι,
στάξον οἱ ἐνὶ στήθεσσι
νέκταρ τε
καὶ ἀμβροσίην ἐρατεινήν,
ἵνα λιμὸς μὴ ἵκηταί μιν. »
Εἰπὼν ὣς,
ὤρυνεν Ἀθήνην
μεμαυῖαν πάρος·
ἡ δὲ,
ἁρπῇ ἄρπη
τανυπτέρυγι, λιγυφώνῳ,
ὑπέπαλτο ἐξ οὐρανοῦ
διὰ αἰθέρος.
Αὐτὰρ Ἀχαιοὶ αὐτίκα
θωρήσσοντο κατὰ στρατόν·
ἡ δὲ στάξεν Ἀχιλῆϊ
ἐνὶ στήθεσσι
νέκταρ καὶ ἀμβροσίην ἐρατεινήν,

Il dit ainsi en pleurant ;
et les vieillards gémissaient,
s'étant rappelé
ce qu'ils avaient laissé chacun
dans *leurs* demeures.
Or donc le fils-de-Saturne
ayant vu ceux-ci pleurant
les prit-en-pitié,
et aussitôt il adressa-à Minerve
ces paroles ailées :

« Mon enfant,
tu t'es retirée certes tout-à-fait
d'un homme brave.
Est-ce que donc Achille
n'est plus à-soin à toi entièrement
dans *ton* cœur ?
Celui-là lui-même est assis
devant les vaisseaux à-bec-droit,
pleurant *son* compagnon chéri ;
mais les autres déjà
vont vers le repas,
et lui *est* à-jeun et sans-nourriture.
Mais va,
verse-lui dans la poitrine
et le nectar
et l'ambroisie agréable,
afin que la faim n'atteigne pas lui. »
Ayant dit ainsi,
il excita Minerve
déjà empressée auparavant ;
or celle-ci,
ressemblant à l'aigle-marin
aux-larges-ailes, à-la-voix-aiguë,
s'élança du ciel
à travers l'air.
Et les Achéens aussitôt
se cuirassaient dans l'armée ;
et celle-ci versa à Achille
dans la poitrine
le nectar et l'ambroisie agréable,

στάξ', ἵνα μή μιν λιμὸς ἀτερπὴς γούναθ' ἵκοιτο·
αὐτὴ δὲ πρὸς πατρὸς ἐρισθενέος πυκινὸν δῶ   355
ᾤχετο. Τοὶ δ' ἀπάνευθε νεῶν ἐχέοντο θοάων.
Ὡς δ' ὅτε ταρφειαὶ νιφάδες[1] Διὸς ἐκποτέονται,
ψυχραὶ, ὑπὸ ῥιπῆς αἰθρηγενέος Βορέαο·
ὣς τότε ταρφειαὶ κόρυθες, λαμπρὸν γανόωσαι,
νηῶν ἐκφορέοντο, καὶ ἀσπίδες ὀμφαλόεσσαι,   360
θώρηκές τε κραταιγύαλοι καὶ μείλινα δοῦρα.
Αἴγλη δ' οὐρανὸν ἷκε, γέλασσε δὲ πᾶσα περὶ χθὼν
χαλκοῦ ὑπὸ στεροπῆς[2]· ὑπὸ δὲ κτύπος ὤρνυτο ποσσὶν
ἀνδρῶν. Ἐν δὲ μέσοισι κορύσσετο δῖος Ἀχιλλεύς.
Τοῦ καὶ ὀδόντων μὲν καναχὴ πέλε· τὼ δέ οἱ ὄσσε   365
λαμπέσθην, ὡσεί τε πυρὸς σέλας[3]· ἐν δέ οἱ ἦτορ
δῦν' ἄχος ἄτλητον· ὁ δ' ἄρα Τρωσὶν μενεαίνων
δύσετο δῶρα θεοῦ, τά οἱ Ἥφαιστος κάμε τεύχων.
Κνημῖδας μὲν πρῶτα περὶ κνήμῃσιν ἔθηκε
καλὰς, ἀργυρέοισιν ἐπισφυρίοις ἀραρυίας·   370

ses membres. Elle regagne ensuite l'impérissable demeure de son père tout-puissant. Les Grecs se dispersent loin de leurs rapides navires. De même que du sein de Jupiter tombe en flocons épais la neige glacée, que précipite Borée, enfant des airs : de même on voit sortir des vaisseaux les casques nombreux et resplendissants, les boucliers arrondis, les cuirasses bombées et les lances de frêne, dont l'éclat s'élève jusqu'au ciel ; toute la terre rayonne des lueurs de l'airain, et un bruit résonne sous les pas des guerriers. Le divin Achille s'arme au milieu de ces héros ; il grince des dents ; ses yeux brillent comme l'éclat du feu, et son âme est dévorée d'une intolérable douleur. Irrité contre les Troyens, il revêt les armes que lui forgea l'art industrieux de Vulcain. D'abord il couvre ses jambes de belles cnémides, garnies d'oreilles d'argent ; ensuite il revêt sa poitrine d'une

ἵνα λιμὸς ἀτερπὴς   afin que la faim cruelle

μὴ ἵκοιτό μιν γούνατα·   n'atteignît pas lui aux genoux ;

αὐτὴ δὲ ᾤχετ πρὸς δῶ πυκινὸν   et elle-même alla vers la demeure so-

πατρὸς ἐρισθενέος.   de son père très-puissant.   [lide

Τοὶ δὲ ἐχέοντο   Et ceux-ci se répandaient

ἀπάνευθε νεῶν θοάων.   loin des vaisseaux rapides.

Ὡς δὲ ὅτε   Or comme lorsque   [ciel)

ἱπτέονται Διὸς   volent-en-descendant de Jupiter (du

νιφάδες ταρφειαὶ, ψυχραὶ,   des flocons-de-neige épais, glacés,

ὑπὸ ῥιπῆς   par l'impulsion

Βορέαο αἰθρηγενέος·   de Borée né-de-l'éther :

ὣς τότε κόρυθες ταρφειαὶ,   ainsi alors des casques nombreux,

γανόωσαι λαμπρὸν,   jetant-un-éclat brillant,

καὶ ἀσπίδες ὀμφαλόεσσαι,   et des boucliers relevés-en-bosse,

θώρηκές τε κραταιγύαλοι   et des cuirasses fortement-bombées

καὶ δοῦρα μείλινα   et des lances de-frêne

ἐφορέοντο νηῶν.   étaient portés-hors des vaisseaux.

Αἴγλη δὲ ἵκεν οὐρανὸν,   Or leur éclat allait au ciel,

γαῖα δὲ χθὼν περιγέλασσεν   et toute la terre sourit-autour

ὑπὸ στεροπῆς χαλκοῦ·   sous la lueur de l'airain ;

κτύπος δὲ   et un bruit

ὠρώρυτο ποσσὶν ἀνδρῶν.   s'élevait-sous les pieds des hommes.

Ἀχιλλεὺς δὲ δῖος κορύσσετο   Et Achille divin s'armait

ἐν μέσοισι.   au milieu des guerriers.

ἔναχὴ ὀδόντων τοῦ   Le grincement des dents de lui

εἴλε καὶ μέν·   avait-lieu aussi à la vérité ;

τὼ δὲ ὄσσε οἱ   et les deux-yeux à lui

λαμπέσθην, ὡσεί τε σέλας πυρός·   brillaient, comme la lueur du feu ;

ἄχος δὲ ἄτλητον   et une douleur intolérable

ἔδυνεν ἦτορ οἱ·   pénétra-dans le cœur à lui ;

ἀλλὰ ἄρα   or lui donc

μενεαίνων Τρωσὶ   étant irrité contre les Troyens

δύσετο δῶρα θεοῦ,   revêtit les présents du dieu,

τὰ τεύχων οἱ   lesquels fabriquant à lui

Ἥφαιστος κάμεν.   Vulcain travailla.

Θῆκε μὲν πρῶτα   Il plaça à la vérité d'abord

περὶ κνήμῃσι   autour de ses jambes

κνημῖδας καλὰς,   des cnémides belles,   [reilles)

ἀραρυίας ἐπισφυρίοις   adaptées à des oreilles (garnies d'o-

ἀργυρέοισι·   d'-argent ;

δεύτερον αὖ θώρηκα περὶ στήθεσσιν ἔδυνεν·
ἀμφὶ δ' ἄρ' ὤμοισιν βάλετο ξίφος ἀργυρόηλον,
χάλκεον· αὐτὰρ ἔπειτα σάκος μέγα τε στιβαρόν τε
εἵλετο, τοῦ δ' ἀπάνευθε σέλας γένετ', ἠΰτε μήνης.
Ὡς δ' ὅτ' ἂν ἐκ πόντοιο σέλας ναύτῃσι φανήῃ   375
καιομένοιο πυρός· τὸ δὲ καίεται ὑψόθ' ὄρεσφι,
σταθμῷ ἐν οἰοπόλῳ· τοὺς δ' οὐκ ἐθέλοντας ἄελλαι
πόντον ἐπ' ἰχθυόεντα φίλων ἀπάνευθε φέρουσιν·
ὣς ἀπ' Ἀχιλλῆος σάκεος σέλας αἰθέρ' ἵκανε
καλοῦ, δαιδαλέου. Περὶ δὲ τρυφάλειαν ἀείρας   380
κρατὶ θέτο βριαρήν· ἡ δ', ἀστὴρ ὥς, ἀπέλαμπεν
ἵππουρις τρυφάλεια· περισσείοντο δ' ἔθειραι
χρύσεαι, ἃς Ἥφαιστος ἵει λόφον ἀμφὶ θαμειάς.
Πειρήθη δ' ἕο αὐτοῦ ἐν ἔντεσι δῖος Ἀχιλλεύς,
εἰ οἷ ἐφαρμόσσειε, καὶ ἐντρέχοι ἀγλαὰ γυῖα·   385
τῷ δ' αὖτε πτερὰ γίγνετ', ἄειρε δὲ ποιμένα λαῶν.

cuirasse; à ses épaules il suspend une épée d'airain, garnie de clous d'argent; puis il prend un grand et solide bouclier, dont l'éclat resplendit au loin comme l'éclat de la lune. De même que de la haute mer apparaît aux nautoniers la lueur d'un feu qui brûle dans un lieu solitaire sur le sommet d'une montagne, tandis que les tempêtes emportent loin de leurs amis sur la mer poissonneuse les matelots qui s'épuisent en vains efforts : de même les rayons qui s'échappent du magnifique et riche bouclier d'Achille jaillissent jusqu'au ciel. Il prend un casque pesant dont il couvre sa tête; ce casque à la chevelure ondoyante scintille comme un astre; autour du cimier flotte l'épaisse crinière d'or que Vulcain y avait adaptée. Le divin Achille s'essaye lui-même dans cette armure pour voir si elle s'adapte à ses formes, et si ses membres vigoureux n'y sont point gênés dans leurs mouvements; mais ce sont comme des ailes qui enlèvent ce pasteur

ἕτερον αὖ | puis en-second-lieu
ἔννε θώρηκα | il revêtit une cuirasse
περὶ στήθεσσι· | autour de sa poitrine;
βάλετο δὲ ἄρα ἀμφὶ ὤμοισι | et il se jeta donc autour des épaules
ξίφος ἀργυρόηλον, | une épée à-clous-d'argent,
χάλκεον· | d'-airain;
αὐτὰρ ἔπειτα εἵλετο | et ensuite il prit
σάκος μέγα τε στιβαρόν τε, | un bouclier et grand et solide,
σέλας δὲ τοῦ | et l'éclat de celui-ci
γίνετο ἀπάνευθεν, | fut (se répandit) au loin,
ἠΰτε μήνης. | comme l'éclat de la lune.
Ὡς δὲ ὅτε ἐκ πόντοιο | Or comme lorsque de la mer
ἐν γαλήνῃ ναύτῃσι | apparaît aux matelots
σέλας πυρὸς καιομένοιο· | la lueur d'un feu qui-brûle;
τὸ δὲ καίεται ὑψόθι | et celui-ci brûle en haut
ὄρεσφιν, | sur les montagnes,
ἐν σταθμῷ οἰοπόλῳ· | dans un endroit solitaire;
τοὺς δὲ | mais les tempêtes
ἀέκοντας ἀπάνευθε φίλων | emportent loin de leurs amis
ἐπὶ πόντον ἰχθυόεντα | sur la mer poissonneuse
τοὺς οὐκ ἐθέλοντας· | eux ne le voulant pas:
ὣς ἵκανεν αἰθέρα σέλας | ainsi allait dans l'air l'éclat
ἀπὸ σάκεος Ἀχιλλῆος, | venant du bouclier d'Achille,
καλοῦ, δαιδαλέου. | beau, artistement-travaillé.
Ἀείρας δὲ τρυφάλειαν βριαρὴν | Et ayant levé son casque solide
κρύθετο κρατί· | il le plaça-autour de sa tête;
ἡ δὲ τρυφάλεια ἵππουρις | et le casque à-la-crinière-de-cheval
ἔλαμπεν, ὡς ἀστήρ· | resplendissait, comme un astre;
περισσείοντο δὲ | et tout-autour-s'agitait
ἔθειραι χρύσεαι, | la crinière d'-or,
ἃς θαμειὰς | laquelle épaisse
Ἥφαιστος ἀμφὶ ἵει λόφον. | Vulcain avait mise-autour du cimier.
Ἀχιλλεὺς δὲ δῖος | Or Achille divin
πειρήθη ἓο αὐτοῦ ἐν ἔντεσιν, | s'essaya lui-même dans ces armes,
εἰ ἐφαρμόσσειέν οἱ, | pour voir si elles s'adaptaient à lui,
καὶ ἀγλαὰ γυῖα | et si ses beaux membres
ἐντρέχοι· | s'y mouvaient-bien;
αὖτε δὲ πτερὰ | mais au contraire des ailes
γίγνετο τῷ, | étaient à lui,
ἄειρε δὲ ποιμένα λαῶν. | et enlevaient ce pasteur des peuples.

Ἐκ δ' ἄρα σύριγγος πατρώϊον ἐσπάσατ' ἔγχος,
βριθὺ, μέγα, στιβαρόν· τὸ μὲν οὐ δύνατ' ἄλλος Ἀχαιῶν
πάλλειν, ἀλλά μιν οἶος ἐπίστατο πῆλαι Ἀχιλλεύς,
Πηλιάδα μελίην, τὴν πατρὶ φίλῳ πόρε Χείρων   390
Πηλίου ἐκ κορυφῆς, φόνον ἔμμεναι ἡρώεσσιν.
Ἵππους δ' Αὐτομέδων τε καὶ Ἄλκιμος ἀμφιέποντες
ζεύγνυον· ἀμφὶ δὲ καλὰ λέπαδν' ἔσαν· ἐν δὲ χαλινοὺς
γαμφηλῆς ἔβαλον, κατὰ δ' ἡνία τεῖναν ὀπίσσω
κολλητὸν ποτὶ δίφρον. Ὁ δὲ μάστιγα φαεινὴν   395
χειρὶ λαβὼν ἀραρυῖαν, ἐφ' ἵπποιῖν ἀνόρουσεν,
Αὐτομέδων· ὄπιθεν δὲ κορυσσάμενος βῆ Ἀχιλλεύς,
τεύχεσι παμφαίνων, ὥστ' ἠλέκτωρ Ὑπερίων.
Σμερδαλέον δ' ἵπποισιν ἐκέκλετο πατρὸς ἑοῖο·

« Ξάνθε τε καὶ Βαλίε¹, τηλεκλυτὰ τέκνα Ποδάργης,   400
ἄλλως δὴ φράζεσθε σαωσέμεν ἡνιοχῆα
ἂψ Δαναῶν ἐς ὅμιλον, ἐπεί χ' ἕωμεν² πολέμοιο·
μηδ', ὡς Πάτροκλον, λίπετ' αὐτοῦ τεθνηῶτα. »

des peuples. Alors il retire du fourreau la grande, la lourde et formi-
dable lance de son père; aucun des Achéens ne pouvait l'agiter dans
les airs; Achille seul savait la brandir : c'était un frêne que Chiron
coupa sur les cimes du Pélion et qu'il donna au père chéri d'Achille
pour immoler les héros. Automédon et Alcime préparent les coursiers
et les attellent; ils les attachent au joug par de belles courroies, leur
mettent le frein dans la bouche, et tirent les rênes en arrière jusqu'au
siége inébranlable. Automédon saisit le fouet éclatant qu'il manie
sans peine, et s'élance sur le char; Achille tout armé monte après
lui, et resplendit sous son armure comme le brillant Hypérion.
Le héros, de sa voix terrible, s'adresse ainsi aux coursiers de son
père :

« Xanthus et Balius, illustre race de Podargé, songez surtout à ramener votre guide au milieu des Grecs, lorsque nous aurons cessé
de combattre, et ne l'abandonnez point, comme Patrocle, s'il vient à
succomber. »

Ἐσπάσατο δὲ ἄρα ἐκ σύριγγος
ἔγχος πατρώϊον,
βριθὺ, μέγα, στιδαρόν·
ἄλλος Ἀχαιῶν μὲν
οὐ δύνατο πάλλειν τὸ,
ἀλλὰ Ἀχιλλεὺς οἶος
ἐπίστατο πῆλαί μιν,
μελίην Πηλιάδα,
τὴν ἐκ κορυφῆς Πηλίου
Χείρων κόρε πατρὶ φίλῳ,
ἔμμεναι φόνον
ἡρώεσσιν.
Αὐτομέδων δέ τε καὶ Ἄλκιμος
ἀμφιέποντες ἵππους
ζεύγνυον·
ἀμφιεσαν δὲ
λέπαδνα καλά·
ἐνέβαλον δὲ γαμφηλῇς
χαλινοὺς,
κατατεῖναν δὲ ἡνία
ὀπίσσω
κατὶ δίφρον κολλητόν.
Ὁ δὲ Αὐτομέδων λαβὼν χειρὶ
μάστιγα φαεινὴν
ἀραρυῖαν,
ἐνόρουσεν ἐπὶ ἵπποιιν·
Ἀχιλλεὺς δὲ κορυσσάμενος
βῆ ὄπιθεν,
παμφαίνων τεύχεσιν,
ὥστε ἠλέκτωρ Ὑπερίων.
Ἐκέκλετο δὲ σμερδαλέον
ἵπποισιν ἑοῖο πατρός·

« Ξάνθε τε καὶ Βαλίε,
τέκνα τηλεκλυτὰ Ποδάργης,
φράζεσθε δὴ ἄλλως
σαωσέμεν ἡνιοχῆα
ἂψ ἐς ὅμιλον Δαναῶν,
ἐπεί κεν ἕωμεν πολέμοιο·
μηδὲ λίπετε αὐτοῦ τεθνηῶτα,
ὡς Πάτροκλον. »

Or donc il tira de son étui
la lance paternelle,
lourde, grande, forte ;
un autre des Achéens à la vérité
ne pouvait pas brandir celle-ci,
mais Achille seul
savait brandir elle,
frêne du-Pélion,
lequel venu du sommet du Pélion
Chiron donna à son père chéri,
pour être instrument de mort (don-
aux héros.   [ner la mort)
Et Automédon et Alcime
s'occupant des chevaux (les prépa-
les attelaient ;   [rant)
et ils les revêtirent
de courroies belles ;
et ils mirent-dans leurs mâchoires
des freins,
et ils tendirent les rênes
en arrière
jusqu'au siége solidement-joint.
Or Automédon ayant pris de la main
le fouet brillant
bien-adapté (facile à manier),
s'élança sur les chevaux (le char) ;
et Achille s'étant armé
alla (monta) derrière,
tout-resplendissant par les armes,
comme l'éclatant Hypérion.
Et il criait d'une-manière-terrible
aux chevaux de son père :

« Et Xanthus et Balius,
enfants illustres-au-loin de Podargé,
songez déjà surtout
à ramener-sain-et-sauf votre guide
en arrière dans la foule des Grecs,
lorsque nous aurons cessé le combat ;
et-ne laissez pas là lui mort,
comme Patrocle. »

Τὸν δ' ἄρ' ὑπὸ ζυγόφι προσέφη πόδας αἰόλος ἵππος,
Ξάνθος, ἄφαρ δ' ἤμυσε καρήατι· πᾶσα δὲ χαίτη, 405
ζεύγλης ἐξεριποῦσα παρὰ ζυγὸν, οὖδας ἵκανεν·
αὐδήεντα δ' ἔθηκε θεὰ λευκώλενος Ἥρη·

« Καὶ λίην σ' ἔτι νῦν γε σαώσομεν, ὄβριμ' Ἀχιλλεῦ·
ἀλλά τοι ἐγγύθεν ἦμαρ ὀλέθριον· οὐδέ τοι ἡμεῖς
αἴτιοι, ἀλλὰ θεός τε μέγας καὶ Μοῖρα κραταιή. 410
Οὐδὲ γὰρ ἡμετέρῃ βραδυτῆτί τε νωχελίῃ τε
Τρῶες ἀπ' ὤμοιϊν Πατρόκλου τεύχε' ἕλοντο·
ἀλλὰ θεῶν ὤριστος, ὃν ἠύκομος τέκε Λητὼ,
ἔκταν' ἐνὶ προμάχοισι, καὶ Ἕκτορι κῦδος ἔδωκε.
Νῶϊ δὲ καί κεν ἅμα πνοιῇ Ζεφύροιο θέοιμεν, 415
ἥνπερ ἐλαφροτάτην φάσ' ἔμμεναι· ἀλλὰ σοὶ αὐτῷ
μόρσιμόν ἐστι, θεῷ τε καὶ ἀνέρι ἶφι δαμῆναι. »

Ὣς ἄρα φωνήσαντος Ἐρινύες ἔσχεθον αὐδήν.
Τὸν δὲ μέγ' ὀχθήσας προσέφη πόδας ὠκὺς Ἀχιλλεύς·

L'agile Xanthus, déjà sous le joug, lui répond aussitôt en inclinant la tête; toute sa crinière flotte jusqu'à terre de chaque côté du joug. Ce fut Junon, la déesse aux bras blancs, qui lui accorda le don de la parole :

« Nous te sauverons encore aujourd'hui, impétueux Achille; mais le jour marqué pour ton trépas approche; et ce n'est pas nous qui serons les auteurs de ta mort, mais un dieu puissant et la Parque inexorable. Ce n'est point à cause de notre lenteur ou de notre paresse que les Troyens ont dépouillé Patrocle de ses armes; mais un dieu redoutable, qu'enfanta Latone à la belle chevelure, l'immola aux premiers rangs et combla Hector de gloire. C'est en vain que nous volerions aussi légers que le Zéphyre, qui, dit-on, est le plus rapide des vents; tu es destiné à périr par la volonté d'un dieu sous les coups d'un mortel. »

A peine a-t-il achevé ces mots, que les Érinnyes arrêtent sa voix. Achille aux pieds légers, pénétré d'une vive douleur, lui répond en ces termes :

Ἵππος δὲ ἄρα αἰόλος πόδας, | Or donc le cheval agile des pieds,
Ξάνθος, προσέφη τὸν ὑπὸ ζυγόφιν, | Xanthus, dit-à lui sous le joug,
ἄφαρ δὲ ἤμυσε καρήατι· | et aussitôt il s'inclina par la tête ;
πᾶσα δὲ χαίτη, | et toute sa crinière,·
ἐξεριποῦσα ζεύγλης | tombant-de l'anneau-du-joug
παρὰ ζυγὸν, | le long du joug,
ἵκανεν οὖδας· | venait (touchait) à la terre,
Ἥρη δὲ θεὰ λευκώλενος | or Junon déesse aux-bras-blancs
ἔθηκεν αὐδήεντα· | rendit lui parlant :

« Καὶ λίην, Ἀχιλλεῦ ὄβριμε, | « Et certes, Achille impétueux,
σαώσομέν σε | nous sauverons toi
ἔτι νῦν γε· | encore aujourd'hui du moins ;
ἀλλὰ ἦμαρ ὀλέθριον | mais le jour fatal
ἐγγύθεν τοι· | est près (proche) à toi ;   [pables,
οὐδέ τοι ἡμεῖς αἴτιοι, | et nous certes nous ne serons pas cou-
ἀλλὰ θεός τε μέγας | mais et un dieu grand
καὶ Μοῖρα κραταιή. | et la Destinée puissante.
Τρῶες γὰρ οὐδὲ ἕλοντο | Car les Troyens n'enlevèrent point
τεύχεα Πατρόκλου | les armes de Patrocle
ἀπὸ ὤμοιῖν | de ses épaules
ἡμετέρῃ τε βραδυτῆτι | et par notre lenteur
νωχελίῃ τε· | et par notre paresse ;
ἀλλὰ ὤριστος θεῶν, | mais le plus puissant des dieux,
ὃν τέκε Λητὼ ἠΰκομος, | qu'enfanta Latone à-la-belle-cheve-
ἔκτανεν | le tua   [lure,
ἐνὶ προμάχοισι, | parmi les premiers-combattants,
καὶ ἔδωκε κῦδος Ἕκτορι. | et donna la gloire à Hector.
Νῶϊ δέ κε θέοιμεν καὶ | Or nous, nous courrions même
ἅμα πνοιῇ | avec (aussi vite que) le souffle
Ζεφύροιο, ἥνπερ φασὶν | du Zéphyre, lequel on dit
ἔμμεναι ἐλαφροτάτην· | être le plus rapide ;
ἀλλὰ ἔστι | du moins il est
μόρσιμον σοὶ αὐτῷ, | dans-la-destinée à (de) toi-même,
δαμῆναι ἶφι | d'être dompté puissamment
θεῷ τε καὶ ἀνέρι. » | et par un dieu et par un homme. »

Ἐριννύες ἄρα ἔσχεθον | Les Érinnyes donc arrêtèrent
αὐδὴν φωνήσαντος ὥς. | la voix de lui ayant parlé ainsi.
Ἀχιλλεὺς δὲ ὠκὺς πόδας | Alors Achille rapide des pieds
ὀχθήσας μέγα | s'étant indigné grandement
προσέφη τόν· | dit-à lui :

3.

« Ξάνθε, τί μοι θάνατον μαντεύεαι; Οὐδέ τί σε χρή.   (2)
Εὖ νύ τοι οἶδα καὶ αὐτὸς ὅ μοι μόρος ἐνθάδ' ὀλέσθαι,
νόσφι φίλου πατρὸς καὶ μητέρος· ἀλλὰ καὶ ἔμπης
οὐ λήξω, πρὶν Τρῶας ἅδην ἐλάσαι πολέμοιο. »
    Ἦ ῥα, καὶ ἐν πρώτοις ἰάχων ἔχε μώνυχας ἵππους.

« Xanthus, pourquoi me présager ainsi la mort? Est-ce à toi qu'il
convient de tenir ce langage? Oui, je le sais, mon destin est de périr
ici loin d'une mère et d'un père que je chéris; mais cependant je ne
quitterai point le champ de bataille, avant que les Troyens ne soient
rassasiés de combats. »

Il dit, et, jetant des cris terribles, il pousse aux premiers rangs ses
coursiers impétueux.

« Ξάνθε,
τί μαντεύεαι θάνατόν μοι;
Οὐδέ τι χρή σε.
Οἶδα εὖ νύ τοι αὐτὸς· καὶ
ὀρώρος μοι
ὀλέσθαι ἐνθάδε,
νόσφι πατρὸς φίλου καὶ μητέρος·
ἀλλὰ καὶ ἔμπης οὐ λήξω,
πρὶν Τρῶας
θάσαι
ἅδην πολέμοιο. »
    Ἦ ῥα,
καὶ ἰάχων
ἔχεν ἐν πρώτοις
ἵππους μώνυχας.

« Xanthus,
pourquoi présages-tu la mort à moi?
Il ne faut nullement toi *agir ainsi*.
Je sais bien en effet *moi-même aussi*
que destinée *est* à moi
de périr ici,
loin d'un père chéri et d'une mère;
mais cependant je ne cesserai point,
avant (avant que) les Troyens
être (soient) venus
jusqu'à la satiété du combat. »
    Il dit donc,
et poussant-des-cris
il dirigeait parmi les premiers
ses chevaux solipèdes.

NOTES

SUR LE DIX-NEUVIÈME CHANT DE L'ILIADE.

—

Page 2 : 1. 'Ήὼς μὲν κροκόπεπλος..........

Homère dit : *l'Aurore au voile couleur de safran.* La fleur du safran qui croît dans les montagnes de l'Europe méridionale est d'un rouge éclatant. Aussi Virgile lui donne l'épithète de *rubens* :

> .... pascuntur et arbuta passim
> Et glaucas salices, casiamque, crocumque rubentem.
>
> (VIRG., *Géorgiques*, IV, 181.)

A l'imitation d'Homère, Virgile nous dépeint l'Aurore abandonnant la couche de safran du beau Tithon :

> Et jam prima novo spargebat lumine terras
> Tithoni croceum linquens Aurora cubile.
>
> (VIRG., *Énéide*, IV, 584.)

— **2.** 'Η δ' ἐς νῆας ἵκανε, θεοῦ πάρα δῶρα φέρουσα.

Thétis arriva près des navires, portant les dons de Vulcain.

Vénus arrive de même apportant à son fils Énée une armure immortelle :

> At Venus ætherios inter dea candida nimbos
> Dona ferens aderat.....................
>
> (VIRG., *Énéide*, VIII, 608.)

Page 12 : 1. Πηλείδῃ μὲν ἐγὼν ἐνδείξομαι·.........
Je vais me justifier devant le fils de Pélée...........

Πηλείδῃ ἐνδείξομαι, dit le savant dictionnaire des Homérides, signifie, selon les uns, *je me montrerai au fils de Pélée*, c'est-à-

dire, *je m'expliquerai avec lui*; selon d'autres, *je m'adresserai à lui, c'est à lui que s'adresseront mes paroles*; selon d'autres, *je me défendrai devant lui, je ferai l'apologie de ma conduite.* Nous préférons ce dernier sens avec le dictionnaire de M. Alexandre.

Page 12 : 2. Ἄτη, Até, fille de Jupiter, déesse redoutable qui porte le trouble et l'aveuglement dans l'esprit des hommes, et qui marche sur la tête des mortels. Elle avait excité une si grande division parmi les dieux, que Jupiter la saisit par les cheveux et la précipita des demeures célestes.

Page 20 : 1. Κλοτοπεύειν semble signifier ici *perdre le temps en vaines paroles.* Hésychius le fait dériver de κλοκή, et l'explique par ἀπατᾶν, παραλογίζεσθαι. Quelques-uns veulent que ce mot soit pour κλυτοπεύειν, et l'interprètent ainsi : καλλιλογεῖν καὶ κλυτοῖς ἔπεσιν ἐνδιατρίβειν, *débiter de belles paroles.*

Page 24 : 1. ...... οὐ μὲν γάρ τι νεμεσσητὸν βασιλῆα
ἄνδρ' ἀπαρέσσασθαι, ὅτε τις πρότερος χαλεπήνη.

Car il est beau d'apaiser un roi, quand on l'a offensé le premier.

D'après l'explication de Heyne et de Bothe, tel serait le sens de ce passage : *Il ne faut pas trouver mauvais qu'un roi se fâche, quand on l'a offensé le premier.* Voss et quelques autres l'expliquent ainsi : *Il ne faut pas trouver mauvais qu'un roi apaise quelqu'un, quand il l'a offensé le premier.*

Page 26 : 1. Πρὶν δ' οὔπως ἂν ἔμοιγε φίλον κατὰ λαιμὸν ἰοίη
οὐ πόσις, οὐδὲ βρῶσις,.........

Horace a dit de même :

Non Afra avis descendat in ventrem meum.
(Hor., *Épodes*, ode II, 53.)

Page 28 : 1. κρείσσων εἰς ἐμέθεν καὶ φέρτερος οὐκ ὀλίγον περ
ἔγχει, ἐγὼ δέ κε σεῖο νοήματί γε προβαλοίμην
πολλόν·.............

Tu es plus puissant, il est vrai, et plus vaillant que moi dans les combats; mais je te surpasse de beaucoup en sagesse.

Il est facile de voir avec quelle étonnante naïveté les héros d'Homère expriment leurs sentiments. On ne connaissait point alors dans cette société naissante toutes ces ruses, tous ces détours par lesquels l'homme déguise sa pensée. Aujourd'hui cette simplicité de langage passerait pour de l'amour-propre

Page 31 : 1. Ἦ, καὶ ἀπὸ στόμαχον κάπρου τάμε νηλέϊ χαλκῷ·
τὸν μὲν Ταλθύβιος πολιῆς ἁλὸς ἐς μέγα λαῖτμα
ῥῖψ' ἐπιδινήσας, βόσιν ἰχθύσιν.........

Il dit, et plonge l'airain tranchant dans le cou du sanglier.
Talthybius lance la victime dans le vaste gouffre de la mer blan-
chissante, pour qu'elle serve de pâture aux poissons.

Il était d'usage de ne point manger les chairs de la victime sur laquelle on avait prononcé un serment ; on les brûlait ou bien on les jetait dans la mer.

Le porc était chez les Romains la victime immolée pour garantir la foi des traités. Virgile dit en parlant de l'union de Tatius et de Romulus :

.... Casâ jungebant fœdera porcâ.
(VIRG., *Énéide*, VIII, 641.)

En rappelant le traité d'alliance de Tullus Hostilius et des Albains, Tite-Live lance cette imprécation contre les parjures : *Tu, illo die, Jupiter, populum Romanum sic ferito, ut ego hunc porcum hic hodie feriam......* (TITE-LIVE, I, 24.)

Page 40 : 1. Μνησάμενος δ' ἁδινῶς ἀνενείκατο, φώνησέν τε·

Accablé du poids de ses souvenirs, il soupire et s'écrie :

Ἀνενείκατο, 3° pers. aoriste moyen du verbe ἀναφέρω, qui signifie *pousser hors de soi-même*, en sous-entendant πνεῦμα, *souffle, respiration*, *de là exhaler des soupirs*.

Page 44 : 1. Ἀλλ' ἴθι, οἱ νέκταρ τε καὶ ἀμβροσίην ἐρατεινὴν
στάξον ἐνὶ στήθεσσ', ἵνα μή μιν λιμὸς ἵκηται.

Va donc, verse dans sa poitrine le nectar et la divine ambroi-
sie, pour qu'il ne sente pas la faim.

Le nectar était la boisson des dieux; c'était une sorte de vin rouge très-généreux et d'un parfum exquis. L'ambroisie était leur nourriture; elle avait un goût délicieux et donnait l'immortalité. Ainsi, dans Lucien, Mercure dit :

« Encore tout couvert de poussière, il faut que je serve l'ambroisie à Jupiter; et, avant qu'il eût un nouvel échanson, c'était moi qui lui versais le nectar. » (LUCIEN, *Dialogues des Dieux*, XXIV.)

Voltaire a suivi la même tradition :

> De vrai nectar la cave était remplie,
> Et tous les mets sont de pure ambroisie.
>
> (*Le Bigueule.*)

La Fontaine a dit aussi dans une lettre à Bonrepeaux :

« Ce sont de telles enchanteresses, qu'elles faisaient passer du vin médiocre et une omelette au lard pour du nectar et de l'ambroisie. »

Page 46 : 1. Ὡς δ' ὅτε ταρφειαὶ νιφάδες...........

> Ut sæpe, ingenti bello quum longa cohortes
> Explicuit legio, et campo stetit agmen aperto,
> Directæque acies, ac latè fluctuat omnis
> Ære renidenti tellus, necdum horrida miscent
> Prœlia.............
>
> (VIRG., *Géorgiques*, II, 278.)

— 2. .... γέλασσε δὲ πᾶσα περὶ χθὼν
χαλκοῦ ὑπὸ στεροπῆς·................

Toute la terre rayonne des lueurs de l'airain.

Cette figure hardie a trouvé bien des imitateurs :

> Ridet Jupiter, et tempestates arrident.
>
> (ENNIUS.)

> Ridet argento domus.
>
> (HOR., *Odes*, IV, 11, 6.)

> Elle voit le barbier qui, d'une main légère,
> Tient un verre de vin qui rit dans la fougère.
>
> (BOILEAU, *Lutrin*, III, 29.)

— 3. Τοῦ καὶ ὀδόντων μὲν καναχὴ πέλε· τὼ δέ οἱ ὄσσε
λαμπέσθην, ὡσεί τε πυρὸς σέλα; ·.........

Achille grince des dents ; ses yeux brillent comme l'éclat du feu.

Tel est Turnus, lorsque, s'armant de sa lance, il se prépare à combattre :

> His agitur furiis, totoque ardentis ab ore
> Scintillæ absistunt ; oculis micat acribus ignis.
>
> (Virg., *Énéide*, XII, 101.)

Page 50 : 1. Ξάνθε τε καὶ Βαλίε,...............

Mézence parle ainsi à son coursier Rhébus :

> « Rhæbe, diu, res si qua diu mortalibus ulla est,
> Viximus : aut hodie victor spolia illa cruenta
> Et caput Æneæ referes, Lausique dolorum
> Ultor eris mecum ; aut, aperit si nulla viam vis,
> Occumbes pariter : neque enim, fortissime, credo
> Jussa aliena pati, et dominos dignabere Teucros. »
>
> (Virg., *Énéide*, X, 861.)

— 2. Ἕωμεν, ép. pour ὦμεν, 1ʳᵉ pers. pl. du subj. aor. 2 act. de ἵημι, est pris ici dans un sens intransitif. Quelques grammairiens écrivent ἑῶμεν, et le dérivent d'un primitif ἕω, synon. de πληρόω ; il serait alors au subj. de l'aor. 2 passif. Selon Buttmann, il faut écrire ἐπεί χ' ἕωμεν, et alors ἕωμεν serait le prés. du subj. de ἄω, *rassasier*, propr. ἄωμεν.

ARGUMENT ANALYTIQUE

DU VINGTIÈME CHANT DE L'ILIADE.

———

Jupiter convoque les dieux, qui tous se rendent à l'assemblée. — D'après l'ordre de Jupiter, les dieux descendent dans les plaines de Troie pour soutenir les deux armées. — Junon, Mercure, Neptune, Minerve, Vulcain, se rangent du côté des Grecs ; Mars, Apollon, Diane, Latone, le Xanthe, Vénus, du côté des Troyens. — Apollon excite Énée contre Achille. — Réponse d'Énée. — Sur l'avis de Neptune, les dieux se tiennent éloignés du combat. — Énée et Achille se provoquent et fondent l'un sur l'autre. — Énée est sur le point de périr ; mais, destiné à régner un jour sur les débris de la nation troyenne, il est secouru par Neptune, qui répand un nuage épais sur les yeux d'Achille. — Nouvelle ardeur d'Achille qui s'élance au combat. — Il ranime ses guerriers. — Hector de son côté exhorte les Troyens. — Au moment où il va attaquer Achille, il est rappelé par Apollon. — Hector rentre dans la foule. — Achille immole Polydore, fils de Priam. — Hector veut venger la mort de son frère ; il vient se mesurer avec Achille. — Apollon dérobe le héros troyen au milieu d'un nuage. — Achille, irrité de ne pouvoir atteindre son ennemi, attaque les autres Troyens et fait un carnage affreux.

———

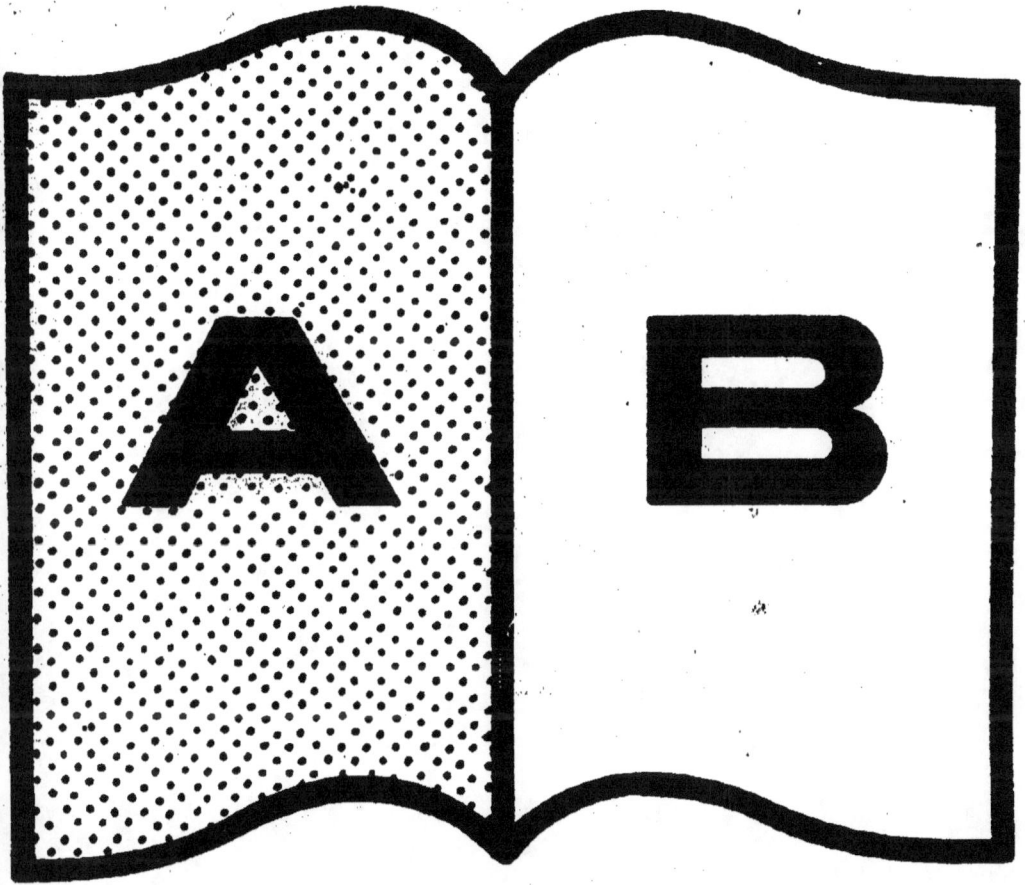

Contraste insuffisant

NF Z 43-120-14